本研究由教育部重大项目
"基于语音多模态的语言本体研究"
（项目编号：17JJD740001）支持

出版由中国社会科学基金重大项目
"中华民族语言文字接触交融研究"
（项目编号：22&DZ213）支持

藏语《三十颂》《字性组织法》译注

吞弥·桑布扎【著】

孔江平【译注】

中国社会科学出版社

图书在版编目(CIP)数据

藏语《三十颂》《字性组织法》译注 / 吞弥·桑布扎著；孔江平译注. -- 北京：中国社会科学出版社，2025. 4. -- ISBN 978-7-5227-4689-0

Ⅰ. H214. 4

中国国家版本馆 CIP 数据核字第 2025HT1708 号

出 版 人　赵剑英
责任编辑　张　林
责任校对　刘　娟
责任印制　戴　宽

出　　版　中国社会科学出版社
社　　址　北京鼓楼西大街甲 158 号
邮　　编　100720
网　　址　http：//www. csspw. cn
发 行 部　010-84083685
门 市 部　010-84029450
经　　销　新华书店及其他书店

印刷装订　北京君升印刷有限公司
版　　次　2025 年 4 月第 1 版
印　　次　2025 年 4 月第 1 次印刷

开　　本　880×1230　1/32
印　　张　5. 125
字　　数　118 千字
定　　价　49. 00 元

前　言

藏语属汉藏语系藏缅语族藏语支，主要分布在中国的青藏高原及周边地区，从行政区域上看，包括我国的西藏自治区、青海省、甘肃省的甘南藏族自治州、四川省的甘孜藏族自治州、阿坝藏族羌族自治州和云南省的迪庆藏族自治州。藏语使用人口目前大约有六百万，是中国重要的民族语言之一。

藏语有创制于大约公元七世纪的文字，在历史的长河中，藏族人民用藏文记录了灿烂多彩的文化，留下了大量的历史文献，这为研究藏语的古代面貌和历史演变提供了珍贵的研究资料。从藏语的人文生态环境看，藏语地区民族结构比较单一，人口密度较小，语言生态环境相对纯净，受其他语言的影响相对较小，因此，这种相对单纯的人文生态环境构成了藏语语言环境的独特性，为研究汉藏语系语言的古代面貌、历史演变及其现状都提供了不可多得的资料。声调是汉藏语系语言最主要的一种语言现象，在藏语方言中有声调形成和演化的完整过程，这对研究藏语乃至汉藏语系声调的起源都具有很重要的实际和理论意义。

一　藏文的形成

佛教史籍记载，公元七世纪，吐蕃第三十三代赞普（王）松赞干布委派十六名藏族青年前往天竺（今印度）学习梵文。由于水土不服等原因，除了吞弥，其他人都病故他乡。吞弥先后跟从黎敬和拉热白森格两位学者学习梵文，由于他学习认真刻苦，被天竺人敬称为“桑布扎”，即“贤良的藏人”。

吞弥学成回归故里后，按照松赞干布的旨意，以梵文字母为基础，结合藏语的语音特点，创制了藏语的三十个辅音字母和四个元音符号，被称为藏语的三十个子音字和四个母音字。藏文系统的辅音字母和元音符号反映了古藏语音位系统和音韵结构的基本面貌。

藏文在历史上有三次大的厘定，第一次厘定是在七世纪中叶吞弥创制藏文起到九世纪中叶的200多年里[①]；第二次厘定是在九世纪中叶藏王赤热巴巾时期，主要是当时的大译师根据当时藏语的发展情况进行的厘定；第三次藏文厘定是从十一世纪末阿里王意希畏时期到十五世纪初的三百多年中，由众多大译师在从事佛经的翻译

① 参见《白史》(དེབ་ཐེར་དཀར་པོ)，作者根敦群培。

中进行的厘定。这三次藏文的厘定在《丁香帐》[1]（ལི་ཤིའི་གུར་ཁང）中都有记载。从藏语的史料来看，第一次厘定和第三次厘定的资料比较少，第二次厘定的史料记载比较多，也较为详细，是最为重要的一次。在第二次厘定时还编写了有名的《语合二卷》。藏文的三次厘定是历史上对藏语音位系统的不断梳理和完善。

二　藏文文法简介

据称吞弥创制了文字以后，还撰写了八部语言学著作，但这些著作在历史进程中大部分由于种种原因失传了，流传至今的只有《三十颂》和《字性组织法》两本，这两本著作反映的是藏语固有的文法体系。后世的研究基本都以这两部书为蓝本，特别是有关术语和概念一直沿用至今。藏文的文法研究有悠久的历史、优良的传统和深厚的底蕴，千余年来，随着藏语的演化，许多学者在对藏语研究的基础上，对原书进行了解释、扩展和传承，因此，这两本著作是论述藏语古音韵和语法最为重要的文献和具有语言学理论价值的著作。

藏文文法著作中比较著名的还有：《司徒藏语文法详解》，作者司徒・曲吉迥乃，十七世纪著名藏文文法学者；《扎得文法》，作者扎得仁钦端智；《色多文法》，作者色多五世罗桑崔臣嘉措。现代藏

①《丁香帐》（ལི་ཤིའི་གུར་ཁང），作者仁钦扎西。

文文法著作主要有：《藏语语法》，1958年由西北民族学院语文室藏语组编写，油印本，该书首先对这两部书进行了逐句解释，然后对藏文文法进行了详细的解释和举例，是一本结构清晰、内容详细的藏文文法著作；《简明藏文文法》，作者胡书津，该书简明扼要地解释了这两部书；《实用藏文文法教程》，作者格桑居冕和格桑央京，该书以这两部书为基本框架，在详细解释古藏文文法的基础上，运用了现代语言学的理论知识和大量实例，对藏语文法进行了论述，并提出了自己的观点，是一本全面的藏文文法教学和研究的著作；《西藏文法典研究》，作者萧金松，该书讲解了藏文的音韵和文法，对这两部书进行了逐句翻译和注释。

对《三十颂》和《字性组织法》的研究可以分为四种情况：①注释，主要是严格按照《三十颂》和《字性组织法》偈句的次序，逐句注释；②增补，在注释框架内，对《三十颂》和《字性组织法》中未曾提到的内容进行补充；③改组，即突破原来的框架，进行改组编排，并加以增补扩充；④创新，即完全脱离《三十颂》和《字性组织法》的框架，以通行的藏文资料为基础，使用现代语言学的方法，研究作为藏文基础的古代藏语语法。本译注采用第一种情况，即严格按照《三十颂》和《字性组织法》偈句的次序，逐句翻译注释。

三　本书的编排方式

第一行为藏文原文；第二行为汉语译文；第三行为拉丁转写；第四行和第五行为藏汉词汇对照。对复杂的词汇，列出了注释。

ལུང་སྟོན་པ་རྩ་བ་སུམ་ཅུ་པ།

文法根本三十颂

lung・ston・pa・rtsa・ba・sum・cu・pa

ལུང་//སྟོན་པ་//རྩ་བ་//སུམ་ཅུ་པ།

文法//说明，指示//根本//三十（颂）

表 1 是藏文辅音字母拉丁转写对照表，表 2 是藏文元音符号拉丁转写对照表。

表 1　　藏文辅音字母拉丁转写对照表

序号	字母	拉丁转写	序号	字母	拉丁转写	序号	字母	拉丁转写	序号	字母	拉丁转写
1	ཀ	k	2	ཁ	kh	3	ག	g	4	ང	ng
5	ཅ	c	6	ཆ	ch	7	ཇ	j	8	ཉ	ny
9	ཏ	t	10	ཐ	th	11	ད	d	12	ན	n
13	པ	p	14	ཕ	ph	15	བ	b	16	མ	m
17	ཙ	ts	18	ཚ	tsh	19	ཛ	dz	20	ཝ	w
21	ཞ	zh	22	ཟ	z	23	འ	v	24	ཡ	y
25	ར	r	26	ལ	l	27	ཤ	sh	28	ས	s
29	ཧ	h	30	ཨ	–						

表 2　　藏文元音符号拉丁转写对照表

序号	元音	拉丁转写	序号	元音	拉丁转写	序号	元音	拉丁转写	序号	元音	拉丁转写	序号	元音	拉丁转写
1	ཨ	a	2	ཨི	i	3	ཨུ	u	4	ཨེ	e	5	ཨོ	o

当藏文字母的音节不含元音符号时，该音节元音为[a]。

四　译注目的

藏语是汉藏语系语言中一种非常重要的语言，因为在汉藏语系语言中，藏语是为数不多的具有传统文字的语言，它不仅有大量的古文献，而且有古老的文法著作。对藏语文法有所了解的人都知道，藏语的语言学有一套独立的理论系统，与现有的语言学理论不同。这主要体现在它是将音素、音位、形态音位、构词和句法环环相扣，连成一个完整的体系。由于语言的问题，中国很多语言学家和学习语言学的学生对藏语的文法了解得不多，为了能够让不会藏语的语言学家和学生初步了解《三十颂》和《字性组织法》，我们采用了平行语料对齐的方法翻译，以便学生自己去理解。在解释上尽量采用学生能理解的现代语言学术语简要注释。因此，我们在译注的编排方式上，不仅给出了藏文和汉语的翻译，而且给出了拉丁转写，最后还给出了藏语分词与汉语分词的对齐语料，这种方式十分有利于学生的学习和不懂藏文的学生对藏文文法进行入门的了解，这也是我们与其他藏文文法专著和译著不同的地方。

五　结语

在汉藏语系语言中，汉语和藏语都有传统的文字和大量古代文献。由于语言性质的差异，汉语在历史上没有出现真正的文法著作，但出现了大量的韵书，这主要是由于汉语稳定的单音节特性所决定的。由于藏语有大量的助词和形态变化，而且藏文是拼音文字，在历史上没有出现过汉语那样的韵书，但出现了文法著作。因此，在汉藏语文法研究和整个汉藏语系的语言演化研究中，藏语的这两本文法著作就显得十分重要。

2024 年 3 月 31 日

目　　录

第一部分

《三十颂》
ལུང་སྟོན་པ་རྩ་བ་སུམ་ཅུ་པ།

《三十颂》(又译《文法根本三十颂》《松居巴》),是一部中国藏族传统的文法书。据传为藏文创制者吞弥·桑布扎所著八种文法著作之一。除另一本《字性组织法》外,其余六种皆已失传。八种文法书中,《三十颂》是总论,全称为《文法根本三十颂》。

《三十颂》以偈颂体写成,提纲挈领地概述藏文文法要点,有口诀的性质。偈句数目以四句为一颂,共三十颂,这就是《三十颂》名称的由来。但因版本而异,前言性质的敬词句不计算在内,有一百一十九句、一百二十句、一百二十二句等几种。本书选用的版本颂文共一百一十九句,每四句为一段,最后一段为三句,共三十段,即三十颂。

《三十颂》从后加字为中心的字母缀联的角度出发,论述了正字法和语法问题,讲解藏语辅音和元音的分类、格语法、虚词的语法范畴和归类、动词形态变化等。主要包括以下四个部分。

第一部分是字母分类和文字结构，共十八句。从第1.1 句到第5.2句讲述了藏文辅音字母的基本情况，将藏文分成辅音字母和元音符号两部分。辅音三十个字母分为加字（འཇུག་པ）和非加字（མི་འཇུག་པ），加字有十个，全部可以做后加（རྗེས་འཇུག），其中有五个可做前加（སྔོན་འཇུག），非加字有二十个，只能做基字（མིང་གཞི）。

第二部分是虚词的形式和意义，共六十句，约占全文的一半，是主要部分，从第 5.3 句到第 20.2 句。简要介绍虚词（格助词）的形式、与前音节后加字的添接规则及文法作用。介绍虚词形式时，也是从后加字出发，依据叙述次序提出九种不同的文法虚词。

（1）语终词：由十个后加字加元音“ཨོ”组成，颂文讲了十个语终词“གོ་ངོ་དོ་ནོ་བོ་མོ་འོ་རོ་ལོ་སོ”。

（2）位格助词：也叫“la 格助词”。用于业格、为格、于格、同体格（自性业格）、时间格。颂文讲了六个位格助词“སུ་ར་རུ་དུ་ན་ལ”。

（3）属格助词：颂文讲了四个属格助词“གི་ཀྱི་འི་གྱི”。

（4）作格助词：属格助词后加“ས”组成，颂文讲了四个作格助词“གིས་ཀྱིས་གྱིས་འིས”。

（5）饰集词：现在藏文的饰集词只有三个“ཀྱང་འང་ཡང”。

（6）有余词：颂文讲了一个有余词“སྟེ”。

（7）离合词：由十个后加字加后加字“མ”组成，颂文讲了十个离合词“གམ་ངམ་དམ་ནམ་བམ་མམ་འམ་རམ་ལམ་སམ”。

（8）从格：颂文讲了两个从格助词“ནས”和“ལས”，属自由虚词，添接方式不受前一音节后加字的限制。

（9）呼格：颂文讲了一个呼格助词“ཀྱེ”。

第三部分是关于后加字的论述，共二十句，从第 20.3 句到第 25.2 句说明后加字的重要性。认为即使有基字、前加字、上加字和下加字，如果没有后加字，也无法构成词并表达一定的意义。这种“后加字中心论”是由于部分虚词的声母要按前接词的后加字发生变化，强调后加字支配虚词变化的作用而形成的。

第四部分论述学习的方法，共二十一句，从第 25.3 句到全文结束。后世藏族文法学家的论著，都以此书为蓝本，进行注疏诠释，增加补充，自立体系的极少，因此这本书同《字性组织法》一起被公认为是藏文文法的经典著作。

༄༅། །ལུང་སྟོན་པ་རྩ་བ་སུམ་ཅུ་པ།

《三十颂》原文

1 རྒྱ་གར་སྐད་དུ།

2 བྱཱ་ཀ་ར་ཎ་མཱུ་ལ་ཏྲིཾ་ཤད་ནཱ་མ།

3 བོད་སྐད་དུ།

4 ལུང་སྟོན་པ་རྩ་བ་སུམ་ཅུ་པ་ཞེས་བྱ་བ།

5 ངག་གི་དབང་ཕྱུག་འཇམ་པའི་དབྱངས་ལ་ཕྱག་འཚལ་ལོ།།

6 གང་ལ་ཡོན་ཏན་མཆོག་མངའ་བའི།།

7 དཀོན་མཆོག་དེ་ལ་ཕྱག་འཚལ་ལོ།།

8 གང་གིས་སྒྲ་དབྱངས་ཀུན་གསུངས་པའི།།

9 འཇམ་པའི་དབྱངས་ལ་ཕྱག་འཚལ་ལོ།།

10 གང་གིས་མིང་གཞི་སྟོན་གསུངས་པ།།

11 ཐག་ཞི་བ་ལ་ཕྱག་འཚལ་ལོ།།

12 སྤེབ་སྦྱོར་ལེགས་མཛད་མཁས་རྣམས་དང་།།

13 བླ་མ་ལ་ཡང་ཕྱག་འཚལ་ནས།།

14 བསླབ་པ་ཀུན་གྱི་གཞི་འཛིན་ཅིང་།།

15 རིག་བྱེད་སྨྲ་བ་རྣམས་ཀྱི་རྒྱུ།།

16 མིང་ཚིག་བརྗོད་པ་ཀུན་གྱི་གཞི།།

17 ཡི་གེའི་སྦྱོར་བ་བཤད་པར་བྱ།།

1.1 ཡི་གེ་ཨཱ་ལི་ཀཱ་ལི་གཉིས།།

1.2 ཨཱ་ལི་གསལ་བྱེད་ཨི་སོགས་བཞི།།

1.3 ཀཱ་ལི་སུམ་ཅུ་ཐམ་པ་འོ།།

1.4 དེ་ལ་རྗེས་འཇུག་བཅུ་ཡིན་ཏེ།།

2.1 དེ་ལས་ལྔ་ནི་སྔོན་དུ་འང་འཇུག།

2.2 མི་འཇུག་པ་ནི་ཉི་ཤུ་འོ།།

2.3 ཀཱ་ལི་ཕྱེད་དང་བརྒྱད་སྡེ་ནི།།

2.4 བཞི་བཞི་དག་ཏུ་ཕྱེ་བ་ལས།།

3.1 དང་པོ་གསུམ་པ་བཞི་པ་ལ།།

3.2 མས་གཉིས་དྲུག་པའི་གསུམ་པ་དང་།།

3.3 བདུན་པ་ལ་ནི་ཤ་མ་གཏོགས།།

3.4 རྗེས་འཇུག་ཡི་གེ་བཅུ་རུ་འདོད།།

4.1 རྗེས་འཇུག་ཡི་གེ་བཅུ་ཉིད་ལས།།

4.2 དང་པོ་གསུམ་པ་ལྔ་པ་དྲུག།

4.3 བདུན་པ་རྣམས་ནི་སྔོན་དུ་འང་འཇུག།

4.4 མིང་གཞི་གཉིས་སམ་གསུམ་སྦྲེལ་ལམ།།

5.1 དེ་ལ་དབྱངས་ཀྱི་བཞི་ལྡན་ཡང་།།

5.2 གང་དུ་འང་འཇུག་མིན་སྦྱར་བའང་མིན།།

5.3 རྗེས་འཇུག་ཡི་གེ་བཅུ་པོ་ནི།།

5.4 མིང་གང་གི་ནི་མཐར་སྦྱར་བ།།

6.1 དེ་ལ་ཨཱ་ལི་བཞི་པ་སྦྱར།།

6.2 སྣར་བསྡུ་བར་ནི་ཤེས་པར་བྱ།།

6.3 རྗེས་འཇུག་ཡི་གེ་བཅུ་རྣམས་ལས།།

6.4 གང་མིང་མཐའ་ན་བཅུ་པ་གནས།།

7.1 དེ་ལ་ཨཱ་ལི་གཉིས་པ་སྦྱར།།

7.2 གང་མིང་མཐའ་ན་བརྒྱད་པ་གནས།།

7.3 དེ་ལ་གཉིས་པ་ཨུ་ཡང་སྦྱར།།

7.4 གང་མིང་མཐའ་ན་གསུམ་པ་གནས།།

8.1 དེ་ལ་ཨཱ་ལི་གཉིས་པ་སྦྱར།།

8.2 བཞི་པ་དགུ་པ་དངོས་ཀྱང་སྟེ།།

8.3 ལས་དང་ཚེད་དང་རྟེན་གནས་དང་།།

8.4 དེ་ཉིད་ཚེ་སྐབས་ལ་སྒྲ་ཡིན།།

9.1 རྗེས་འཇུག་ཡི་གེ་བཅུ་པོ་ལ།།

9.2 ཨི་དང་མཐུན་ལུགས་འདི་ཞེས་བྱ།།

9.3 དང་པོ་གཉིས་ལ་དང་པོ་མཐུན།།

9.4 གསུམ་ལྔ་བཅུ་ལ་ཀྱི་དང་སྦྱར།།

10.1 བདུན་པ་ཉིད་ལ་བདུན་པ་སྟེ།།

10.2 ལྷག་མ་རྣམས་ལ་གྱི་སྦྱར་བ།།

10.3 དེ་དག་ཨི་སྦྱར་འབྲེལ་བའི་ས།།

10.4 དེ་ཉིད་ལ་ནི་བཅུ་པ་སྦྱར།།

11.1 བྱེད་པ་པོ་རུ་ཤེས་པར་བྱ།།

11.2 ཨཱ་ལི་ཕྱིས་ནས་གཉིས་པ་སྦྱར།།

11.3 ཚིག་རྒྱན་གཉིས་དང་སྡུད་པར་འགྱུར།།

11.4 ལ་དོན་སུ་ལ་ཨུ་ཕྱིས་ནས།།

12.1 དེ་ལ་གསུམ་པའི་དང་པོ་སྦྱར།།

12.2 དེ་ལ་ལྔ་ལི་གསུམ་པ་སྦྱར།།

12.3 དེ་ནི་ལྷག་དང་བཅས་པའོ།།

12.4 རྗེས་འཇུག་ཡི་གེ་བཅུ་པོ་ལ།།

13.1 དྲུག་པ་སྦྱར་ན་འབྱེད་སྡུད་ཡིན།།

13.2 རྗེས་འཇུག་ཡི་གེ་བཅུ་པོ་ཡི།།

13.3 བཞི་པ་དགུ་པ་ལ་བཅུ་པ།།

13.4 སྦྱར་བ་འབྱུང་ཁུངས་ས་ཡིན་ཏེ།།

14.1 དགར་དང་སྡུད་པའང་དེ་བཞིན་ཡིན།།

14.2 གང་མིང་བརྗོད་པའི་དང་པོ་རུ།།

14.3 ཀྱེ་སྦྱར་བ་ནི་བོད་པ་ཡིན།།

14.4 གང་མིང་མཐའ་དང་མཐུན་པ་ཡི།།

15.1 བཞི་པ་ལ་ནི་ཨི་སྦྱར་བ།།

15.2 དགར་དང་བརྣན་པའི་ཚིག་ཏུ་འགྱུར།།

15.3 མིང་གང་རུང་བའི་བར་མཚམས་སུ།།

15.4 གསུམ་པ་ལ་ནི་གཉིས་པ་སྦྱར།།

16.1 དེ་ནི་སྡུད་དང་འབྱེད་པ་དང་།།

16.2 རྒྱུ་མཚན་ཚེ་སྐབས་གདམས་ངག་ལྔའོ།།

16.3 གང་མིང་གི་ནི་ཡ་མཐའ་རུ།།

16.4 གསུམ་པ་ལ་ནི་ཨེ་སྦྱར་བ༎

17.1 ཐ་སྙད་དབང་དུ་གསུམ་ཡིན་ཏེ༎

17.2 དངོས་པོའི་དབང་དུ་བཞི་རུ་འགྱུར༎

17.3 དུས་ཀྱི་དབང་དུ་གཉིས་ཡིན་ནོ༎

17.4 གང་མིང་བརྗོད་པའི་དང་པོ་རུ༎

18.1 དང་པོ་ལ་ནི་གཉིས་པ་སྦྱར༎

18.2 སྤྱི་ལ་ཁྱབ་པ་ཉིད་དུ་འགྱུར༎

18.3 གང་མིང་གི་ནི་མ་མཐའ་ན༎

18.4 པུ་ལིངྒ་ཡི་སྒྲ་མེད་པ༎

19.1 དེ་ལ་པུ་ལིངྒ་སྦྱར་ན༎

19.2 བདག་པོའི་སར་ནི་ཤེས་པར་བྱ༎

19.3 གང་མིང་བརྗོད་པའི་ཡ་མཐའ་ན༎

19.4 སྟྲཱི་ལིངྒ་ཡི་སྒྲ་མེད་པ༎

20.1 དེ་ལ་སྟྲཱི་ལིངྒ་སྦྱར་ན༎

20.2 དགག་པའི་གནས་སུ་ཤེས་པར་བྱ༎

20.3 ཚིགས་སུ་བཅད་པའི་མཚམས་སྦྱོར་རྣམས༎

20.4 ཅུང་ཟད་བསྡུས་པ་ཡོད་ན་ཡང་༎

21.1 དེ་ནི་དེ་བཞིན་སྦྱར་བར་བྱ༎

21.2 སྔོན་འཇུག་ཡོད་དམ་མེད་ཀྱང་རུང་༎

21.3 མིང་གཞིའི་ཡི་གེ་གང་ཡིན་ལ༎

21.4 ཉིས་འབྲེལ་ཡོད་དམ་སུམ་འབྲེལ་ཡོད༎

22.1 ཨཱ་ལི་བཞི་ལས་གང་ལྡན་ཡང་།།

22.2 རྗེས་འཇུག་བཅུ་པོ་མ་ཞུགས་ན།།

22.3 མིང་གཞན་སྦྱོར་བ་ཡོད་མི་སྲིད།།

22.4 རྗེས་འཇུག་བཅུ་ཡི་དོན་ཤེས་ན།།

23.1 འབྲི་དང་ཀློག་དང་བཤད་རྣམས་ཀྱི།།

23.2 མཚམས་སྦྱོར་སྒྲ་ལ་ཐོགས་མེད་ཅིང་།།

23.3 འབྲེལ་བ་ ་བའི་མཆོག་ཏུ་འགྱུར།།

23.4 གཞན་ཡང་རྗེས་འཇུག་དོན་ཤེས་པ་ཡིས།།

24.1 དོན་གྱི་སྦྱོར་བ་མ་མཐོང་ཡང་།།

24.2 དོན་དང་མཐུན་པའི་སྦྱོར་བ་ཤེས།།

24.3 རྗེས་འཇུག་སྦྱོར་བ་མཁས་པ་ན།།

24.4 ལུང་གི་དོན་དང་སྦྱོར་བ་དང་།།

25.1 བླ་མའི་མན་ངག་གསུམ་སྤྱར་ནས།།

25.2 དོན་གྱི་ཐོག་ཏུ་དབབ་པར་བྱ།།

25.3 བསླབ་ལ་བརྩོན་པའི་གང་ཟག་གིས།།

25.4 དང་པོར་ང་རོ་རྣམས་ལ་སྦྱང་།།

26.1 སྔོན་འཇུག་མིང་གཞི་རྗེས་འཇུག་གསུམ།།

26.2 ཀློག་གི་ཆེད་དུ་བསླབ་པ་ཡིན།།

26.3 རྗེས་འཇུག་བཞི་ཡི་སྦྱོར་བ་ནི།།

26.4 མཉན་བསམ་བསྟན་པའི་དོན་དུ་སྤྱར།།

27.1 ཡན་ལག་དེ་དག་མཐུ་ཡིས་ནི།།

27.2 འབྲས་བུའི་ཆེད་དུ་དོན་ལ་དབབ།།

27.3 བསླབ་པའི་རིམ་པ་འདི་ཡིས་ནི།།

27.4 གང་ཞིག་འབད་པ་ཆུང་ངུས་ཀྱང་།།

28.1 ཤེས་རབ་མྱུར་དུ་གྲོལ་བར་འགྱུར།།

28.2 དེ་ཕྱིར་དང་པོར་འདི་ཉིད་བསླབ།།

28.3 དེ་ནས་རྒྱས་པའང་མཉན་བྱས་ཏེ།།

28.4 བསླབ་པ་གང་ལ་དད་པ་ཡི།།

29.1 གཞུང་ཉིད་བླ་མ་དག་ལས་མཉན།།

29.2 སློབ་དཔོན་དེ་ཉིད་དུ་འཛིན་ཅིང་།།

29.3 ལེ་ལོ་གཡེང་བ་རྣམ་པར་སྤངས།།

29.4 ཟློ་བཟང་དད་པ་ལ་བརྟེན་པ།།

30.1 སྐྱེས་བུ་དེས་ནི་མྱུར་རྟོགས་ཏེ།།

30.2 དེ་ལ་དུས་སུ་འདོམས་པར་བྱ།།

30.3 ཅིག་ཤོས་དེ་ལས་ལྡོག་པའོ།།

༄༅།།ལུང་སྟོན་པ་རྩ་བ་སུམ་ཅུ་པ།

文法根本三十（颂）

lung · ston · pa · rtsa · ba · sum · cu · pa

ལུང་//སྟོན་པ་//རྩ་བ་//སུམ་ཅུ་པ།

文法//说明，指示//根本//三十（颂）

卷首语

这部分包括解题、译敬、礼赞和明宗四部分，共 17 句，赞颂有关音韵、语言文字著作先哲们的功德和著书宗旨。

（1）解题，从第 1 句到第 4 句为解释“三十颂”在梵语和藏语中是如何命名的。

（2）译敬，西藏译经规矩，翻译论典者，译文之前向文殊菩萨致敬。第 5 句为译敬。

（3）礼赞，从第 6 句至第 13 句。分四部分：①第 6 句和第 7 句是礼赞世间最具功德的佛、法、僧三宝；②第 8 句和第 9 句礼赞声明大师文殊菩萨；③第 10 句和第 11 句礼赞创造字母的印度大梵天王常寂天；④第 12 句和第 13 句礼赞印度精通声明韵律的学者和上师。

（4）明宗，第 14 句至第 17 句为明宗。通常在论述之前表明写作的动机及宗旨，达到开宗明义的效果。字母的组合是词语、句、文的基础，词语和句子是文章的基础，说明学语法的意义和重要性。

1. རྒྱ་གར་སྐད་དུ།

在梵语中，

rgya · gar · skad · du

རྒྱ་གར་སྐད་//དུ

梵语//在(虚词)

2. བྱཱ་ཀ་ར་ཎ①་མཱུ་ལ་ཏྲིཾ་ཤད་ནཱ་མ།

称为："呗咖拉纳目拉知西纳嘛"（文法根本三十颂）

byva · ka · ra · ṇa · mvu · la · tring · shad · nva · ma

བྱཱ་ཀ་ར་ཎ་//མཱུ་ལ་//ཏྲིཾ་ཤད་//ནཱ་མ

文法//根本//三十//称为

3. བོད་སྐད་དུ།

在藏语中，

bod · skad · du

བོད་སྐད་//དུ

藏语//在（虚词）

4. ལུང②་སྟོན་པ③་རྩ་བ④་སུམ་ཅུ་པ་ཞེས་བྱ་བ⑤།

称为：文法根本三十（颂）

① བྱཱ་ཀ་ར་ཎ།：梵文中为一般启蒙文法教科书的通称，翻译为授记、声明记论或文法论。

② ལུང་།：文法规律。

③ སྟོན་པ།：说明、指示。

④ རྩ་བ།：根本。相传吞弥著有八部藏文文法论著，本部是其他的基础。

⑤ ཞེས་བྱ་བ།：放在书名后，翻译为称作、称为。

lung・ston・pa・rtsa・ba・sum・cu・pa・zhes・bya・ba

ལུང་སྟོན་པ་//རྩ་བ་//སུམ་ཅུ་པ་//ཞེས་བྱ་བ

文法//根本//三十//称为

5. ངག་གི་དབང་ཕྱུག་འཇམ་པའི་དབྱངས①་ལ་ཕྱག་འཚལ་ལོ།།

向语自在妙音的文殊菩萨敬礼，

ngag・gi・dbang・phyug・vjam・pavi・dbyangs・la・phyag・vtshal・lo

ངག་གི་དབང་ཕྱུག་//འཇམ་པ//འི་//དབྱངས་//ལ་//ཕྱག་འཚལ་//ལོ

语自在//悦耳//（的）//声音//（于）//礼赞，敬礼//（语终词）

6. གང་ལ་ཡོན་ཏན་མཆོག་མངའ་བའི།།

谁最具有殊胜功德，

gang・la・yon・tan・mchog・mngav・bavi

གང་//ལ་//ཡོན་ཏན་//མཆོག་//མངའ་བ//འི

任何，谁//（于）//功德//殊胜，第一//存在，具有//（的）

7. དཀོན་མཆོག②་དེ་ལ་ཕྱག་འཚལ་ལོ།།

向三宝敬礼，

dkon・mchog・de・la・phyag・vtshal・lo

---

① འཇམ་པའི་དབྱངས།：文殊菩萨，也称妙音菩萨、智慧之神。印度神话中，语言文字源自于文殊菩萨。

② དཀོན་མཆོག：指佛、法、僧三宝。纀翻繳 殊胜，至上。在厘定之前的古藏文中另写作鞭繳。

དཀོན་མཆོག//དེ་//ལ་//ཕྱག་འཚལ་//ལོ

至宝//那，彼//（于）//礼赞，敬礼//（语终词）

8. གང་གིས་སྒྲ་དབྱངས་ཀུན་གསུངས་པའི།།

谁宣说一切妙音，

gang · gis · sgra · dbyangs · kun · gsungs · pavi

གང་//གིས་//སྒྲ་དབྱངས་//ཀུན་//གསུངས་པ་//འི

任何，谁//（以）//声音//一切，全部//讲述，宣说//（的）

9. འཇམ་པའི་དབྱངས་ལ་ཕྱག་འཚལ་ལོ།།

向妙音菩萨敬礼，

vjam · pavi · dbyangs · la · phyag · vtshal · lo

འཇམ་པ་//འི་//དབྱངས་//ལ་//ཕྱག་འཚལ་//ལོ

悦耳//的//声音//（于）//礼赞，敬礼//（语终词）

10. གང་གིས་མིང་གཞི①་སྔོན་གསུངས་པ།།

谁首先创制了文字，

gang · gis · ming · gzhi · sngon · gsungs · pa

གང་//གིས་//མིང་གཞི་//སྔོན་//གསུངས་པ

任何，谁//（以）//基字//首先，开始//讲述，宣说

① མིང་གཞི།：基字，也翻译为名根。这里用基字代表文字。

11. རྟག་ཞི་བ①་ལ་ཕྱག་འཚལ་ལོ།།

向常寂天敬礼，

rtag · zhi · ba · la · phyag · vtshal · lo

རྟག་ཞི་བ་//ལ་//ཕྱག་འཚལ་//ལོ

常寂天//（于）//礼赞，敬礼//（语终词）

12. སྡེབ་སྦྱོར②་ལེགས་མཛད་མཁས③་རྣམས་དང་།།

（向）擅长声韵的诸学者，

sdeb · sbyor · legs · mdzad · mkhas · rnams · dang

སྡེབ་སྦྱོར་//ལེགས་//མཛད་//མཁས་//རྣམས་//དང

声韵，声律//擅长，优良//作//通达，学者//诸，们//和

13. བླ་མ④་ལ་ཡང་ཕྱག་འཚལ་ནས།།

及上师敬礼。

bla · ma · la · yang · phyag · vtshal · nas

བླ་མ་//ལ་//ཡང་//ཕྱག་འཚལ་//ནས

上师//（于）//（也）//礼赞，敬礼//（后）

---

① རྟག་ཞི་བ།：常寂天，印度大梵王天、大自在天的别名，属印度外道婆罗门学者，印度神话传说是他创造梵文文字。

② སྡེབ་སྦྱོར།：这里指音韵文法。

③ མཁས།：通达，精通。这里指擅长声韵的诸学者。

④ བླ་མ།：上师，是指学问上至高无上的学术泰斗。

14. བསླབ་པ①་ཀུན་གྱི་གཞི་འཛིན་ཅིང་།

掌握（佛教）教义的根本，

bslab · pa · kun · gyi · gzhi · vdzin · cing

བསླབ་པ་//ཀུན་//གྱི་//གཞི་//འཛིན་//ཅིང

学问，梵行//诸，全部//（的）//根本，基础//掌握//（而）

15. རིག་བྱེད②་སྨྲ་བ་རྣམས་ཀྱི་རྒྱུ།

解说吠陀经的根本，

rig · byed · smra · ba · rnams · kyi · rgyu

རིག་བྱེད་//སྨྲ་བ་//རྣམས་//ཀྱི་//རྒྱུ

吠陀//解说//诸，们//（的）//根本

16. མིང་ཚིག་བརྗོད་པ③་ཀུན་གྱི་གཞི།

组词造句写文章的根本，

ming · tshig · brjod · pa · kun · gyi · gzhi

མིང་//ཚིག་//བརྗོད་པ་//ཀུན་//གྱི་//གཞི

词//句子//文章//一切//（的）//根本

17. ཡི་གེའི་སྦྱོར་བ་བཤད་པར་བྱ།

---

① བསླབ་པ།：学，这里指佛教三学（戒、定、慧）的理论知识。

② རིག་བྱེད།：吠陀，这里指外道教的经文，是婆罗门教的最根本的经典。

③ བརྗོད་པ།：说，讲，论，诠。此处指文章。

（就应当）开始讲（藏文的）字母组合，

yi · gevi · sbyor · ba · bshad · par · bya

ཡི་གེ//འི་//སྦྱོར་བ་//བཤད་པ//ར་//བྱ

字母//（的）//组合//论说//虚词//虚词

第 1 句至第 17 句意思为：在梵语中，称为：“呗咖拉纳目拉知西纳嘛”，在藏语中，称为：“文法根本三十颂”，向语自在妙音的文殊菩萨敬礼，谁最具有殊胜功德，向三宝敬礼，谁宣说一切妙音，向妙音文殊菩萨敬礼，常寂天首先创制了文字，向常寂天敬礼，向擅长声韵的诸学者及上师敬礼。掌握佛教教义的根本，解说吠陀经的根本，组词造句写文章的根本，就应当开始讲藏文的字母组合。

字母组合是词、句、文的基础，也是佛法经典和外道教经典的基础，因此，想明白词、句、文，理解佛法经典和外道教经典，就必须研究字母的组合，即研究藏文文法。

本部分译敬文殊菩萨，礼敬三宝、文殊菩萨、常寂天和有关学者及上师，并开宗明义说明学习藏文文法的作用和意义。

第一颂

1.1　ཡི་གེ་ཨཱ་ལི་ཀཱ་ལི་གཉིས།།

（藏文）分为元音符号和辅音字母两类。

yi · ge · -va · li · kva · li · gnyis

ཡི་གེ་//ཨཱ་ལི་//ཀཱ་ལི་//གཉིས

字母//阿类（元音）//迦类（辅音）//两个

1.2 ཨཱ་ལི་གསལ་བྱེད་ཨི་སོགས་བཞི།།

元音符号有“ཨི [i]”等四个。

-va · li · gsal · byed · -i · sogs · bzhi

ཨཱ་ལི་//གསལ་བྱེད་//ཨི་//སོགས་//བཞི

阿类（元音）//表示，显明//伊[i]//等//四个

1.3 ཀཱ་ལི་སུམ་ཅུ་ཐམ་པ་འོ།།

辅音字母有整三十个，

kva · li · sum · cu · tham · pa · vo

ཀཱ་ལི་//སུམ་ཅུ་//ཐམ་པ་//འོ

迦类（辅音）//三十//整//（终结词）

1. 4 དེ་ལ་རྗེས་འཇུག①་བཅུ་ཡིན་ཏེ།།

其中有十个后加字，

de · la · rjes · vjug · bcu · yin · te

དེ་//ལ་//རྗེས་འཇུག་//བཅུ་//ཡིན་//ཏེ

① འཇུག：动词，有加入使用的意思，翻译为加、添置、转等。

彼//（于）//后加//十//是//连接词

第 1.1 句至第 1.4 句的意思是：藏文字母分元音符号和辅音字母，元音符号有四个，辅音字母有三十个，三十个字母中有十个字母可作为后加字（རྗེས་འཇུག）。

藏文元音没有独立的字母，用四个表音符号来表示，ཨི（i）、ཨུ（u）、ཨེ（e）、ཨོ（o），加一个零位ཨ（a），共五个元音。凡是没有带元音符号的辅音字母都带[a]元音，三个元音符号加在基字上面，只有[u]元音加在基字下面。

第二颂

2.1　དེ་ལས①་ལྔ་ནི་སྔོན་དུའང་འཇུག②།

（十个后加字中）有五个可以放在（基字）前面，

de · las · lnga · ni · sngon · duvang · vjug

དེ་//ལས་//ལྔ་//ནི་//སྔོན་//དུ//འང་//འཇུག

彼//从//五//（者）//前面//（于）//（也）//添置，加

2.2　མི་འཇུག་པ་ནི་ཉི་ཤུའོ།།

（其余）二十个字母不能做添置字。

① 其他版本中写作“ལ”。

② འཇུག：动词，有加入使用的意思，可翻译为：添置、加、转等。

mi · vjug · pa · ni · nyi · shuvo

མི་//འཇུག་པ་//ནི་//ཉི་ཤུ//འོ

不，非//添置，加//（者）//二十//（终结词）

第 2.1 句至第 2.2 句的意思是：十个后加字里面，又有五个字母可以用作前加字（སྔོན་འཇུག）。有十个可作后加字的字母，其余的二十个字母，不能作为“添置字”，也就是说，既不能用作后加字，也不能用作前加字。

2.3　ཀཱ་ལི་ཕྱེད་དང་བརྒྱད①་སྡེ་ནི།།

辅音字母组分七组半，

kva · li · phyed · dang · brgyad · sde · ni

ཀཱ་ལི་//ཕྱེད་//དང་//བརྒྱད་//སྡེ་//ནི

迦类（辅音）//一半//和//八//组//（者）

2.4　བཞི་བཞི་དག་ཏུ་ཕྱེ་བ་ལས།།

每四个（字母）为一组。

bzhi · bzhi · dag · tu · phye · ba · las

བཞི་//བཞི་//དག་//ཏུ་//ཕྱེ་བ་//ལས

四个//四个//虚词//于，在//分开//（从）

第 2.3 句至第 2.4 句的意思是：三十个辅音字母分为七组半，

① ཕྱེད་དང་བརྒྱད།：直译为差半组为八，即七组半的意思。

每四个字母为一组。

三十个辅音如下所示，括号里为辅音的拉丁转写。

第一组 ཀ(k)、ཁ(kh)、ག(g)、ང(ng)

第二组 ཅ(c)、ཆ(ch)、ཇ(j)、ཉ(ny)

第三组 ཏ(t)、ཐ(th)、ད(d)、ན(n)

第四组 པ(p)、ཕ(ph)、བ(b)、མ(m)

第五组 ཙ(ts)、ཚ(tsh)、ཛ(dz)、ཝ(w)

第六组 ཞ(zh)、ཟ(z)、འ(v)、ཡ(y)

第七组 ར(r)、ལ(l)、ཤ(sh)、ས(s)

第八组 ཧ(h)、ཨ(-)

从现代语言学的角度来看，第一组发音部位在舌根和软腭；第二组发音部位在舌面和硬腭；第三组发音部位在舌尖和齿龈；第四组发音部位在双唇；第五组前 3 个发音部位在舌尖和齿龈，最后一个发音部位在双唇；第六组第 1、2、4 个的发音部位在舌面和硬腭，第 3 个的发音部位在喉部；第七组第 1、2、4 个的发音部位在舌尖和齿龈，第 3 个的发音部位在舌面和硬腭；最后半组发音部位在喉部。

第三颂

3.1　དང་པོ་གསུམ་པ་བཞི་པ་ལ།།

第一（组）、第三（组）和第四（组）里的

dang · po · gsum · pa · bzhi · pa · la

དང་པོ་//གསུམ་པ་//བཞི་པ་//ལ

第一//第三//第四//（从）

3.2　མས་གཉིས་དྲུག་པའི་གསུམ་པ་དང་།།

后面两个字母和第六组的第三个字母

mas · gnyis · drug · pavi · gsum · pa · dang

མས་//གཉིས་//དྲུག་པ//འི་//གསུམ་པ་//དང

后面，接着//二//第六//（的）//第三//和

3.3　བདུན་པ་ལ་ནི་ཤ་མ་གཏོགས།།

及第七组除[ཤ]以外的（三个）字母

bdun · pa · la · ni · sha · ma · gtogs

བདུན་པ་//ལ་//ནི་//ཤ//མ་གཏོགས

第七//（于）//虚词//[ཤ]//除外，不计

3.4　རྗེས་འཇུག་ཡི་གེ་བཅུ་རུ་འདོད།།

被称为十个后加字。

rjes · vjug · yi · ge · bcu · ru · vdod

རྗེས་འཇུག་//ཡི་གེ་//བཅུ་//རུ་//འདོད

后加//字母//十//虚词//称为

第 3.1 句至第 3.4 句的意思是：第一组、第三组、第四组末尾的两个字母，再加上第六组的第三个字母和第七组除去“ཤ”的其余三个字母为十个后加字。

从以上描述可以得出十个后加字依次为：“ག(g)、ང(ng)、ད(d)、ན(n)、བ(b)、མ(m)、འ(v)、ར(r)、ལ(l)、ས(s)”。

第四颂

4.1 རྗེས་འཇུག་ཡི་གེ་བཅུ་ཉིད་ལས།

十个后加字中

rjes · vjug · yi · ge · bcu · nyid · las

རྗེས་འཇུག་//ཡི་གེ་//བཅུ་//ཉིད་//ལས

后加//字母//十//仅此，唯//（从）

4.2 དང་པོ་གསུམ་པ་ལྔ་པ་དྲུག།

第一、第三、第五、第六

dang · po · gsum · pa · lnga · pa · drug

དང་པོ་//གསུམ་པ་//ལྔ་པ་//དྲུག

第一//第三//第五//第六

4.3 བདུན་པ་རྣམས་ནི་སྔོན་དུའང་འཇུག།

第七字母也能做前加字。

bdun · pa · rnams · ni · sngon · duvang · vjug

བདུན་པ་//རྣམས་//ནི་//སྔོན་//དུ//འང་//འཇུག

第七//诸，们//（者）//前//（于）//（也）//添置，加

第 4.1 句至第 4.3 句的意思是：十个后加字中，第一、第三、第五、第六、第七字母能做前加字。

十个后加字中能做前加字的是第一、第三、第五、第六、第七字母，即“ག་ད་བ་མ་འ”，前加字需加在基字的前面。

藏文有严格的字母排列和拼读规则，传统藏文文法根据字母在音节中的结构位置，将字母分为“前加字”“上加字”“基字”“下加字”“元音”“后加字”和“再后加字”，并按照此顺序进行书写和拼读。基字为整个音节的核心，一个音节至少有一个基字，最长音节包括七个部分。颂文重点强调了后加字和前加字，再后加字、上加字和下加字没有提及。藏语中从后加字中取出“ས”和“ད”作再后加字。“ས”与四个后加字拼合“གས”“ངས”“བས”和“མས”。“ད”与三个后加字拼合“ནད”“རད”“ལད”，九世纪后已废止不用。上加字有三个“ར”“ལ”和“ས”。下加字有四个“ཡ”

“ར” “ལ” 和 “ཝ”，因为它们介于声母和韵母之间，相当于介音，通常在藏语中作为声母的一部分。“ཡ” 和 “ཝ” 属于非加字，具有半元音的性质，可以做下加字。

4.4 མིང་གཞི་གཉིས་སམ་གསུམ་སྦྲེལ་ལམ།།

两个或三个纯基字相连接，再

ming · gzhi · gnyis · sam · gsum · sbrel · lam

མིང་གཞི་//གཉིས་//སམ་//གསུམ་//སྦྲེལ་//ལམ

（纯）基字//两个//（或）//三个//连接//（或）

第五颂

5.1 དེ་ལ་དབྱངས་ཀྱི་བཞི་ལྡན་ཡང་།།

加上四个元音符号

de · la · dbyangs · kyi · bzhi · ldan · yang

དེ་//ལ་//དབྱངས་//ཀྱི་//བཞི་//ལྡན་//ཡང

彼//（于）//元音//（的）//四个//具有//（也）

5.2 གང་དུའང་འཇུག་མིན་སྦྱར་བའང་མིན།།

不能组合成音节。

gang · duvang · vjug · min · sbyar · bavang · min

གང་དུ//འང་//འཇུག་//མིན་//སྦྱར་བ//འང་//མིན

任何//（也）//添置，加//没有，非//组合，拼缀//也//没有，非

第 4.4 句至第 5.2 句的意思是：由两个或者三个纯基字连接起来，或者再加上元音符号，也不能组合成音节。

纯基字是指十个后加字除外的二十个只能做基字的字母，如果这些纯基字在前加或后加位置出现，无论连接二个或三个字母，甚至加上元音，也不能组合成音节，不符合藏语语法。

5.3 རྗེས་འཇུག་ཡི་གེ་བཅུ་པོ་ནི།།

十个后加字

rjes · vjug · yi · ge · bcu · po · ni

རྗེས་འཇུག་//ཡི་གེ་//བཅུ་པོ་//ནི

后加//字母//十个//（者）

5.4 མིང་གང་གི་ནི་མཐར་སྦྱར་བ།།

添加在任何词后面

ming · gang · gi · ni · mthar · sbyar · ba

མིང་//གང་//གི་//ནི་//མཐར་//སྦྱར་བ

词//任何//（的）//（者）//后面，边//组合，拼缀

第六颂

6.1 དེ་ལ་ལྷག་ལི་བཞི་པ་སྦྱར།།

加上第四个元音（ཨོ）

de · la · -va · li · bzhi · pa · sbyar

དེ་//ལ་//ཨཱ་ལི་//བཞི་པ་//སྦྱར

彼//（于）//阿类（元音）//第四//组合，拼缀

6.2 སླར་བསྡུ①་བར་ནི་ཤེས་པར་བྱ།།

称为语终词。

slar · bsdu · bar · ni · shes · par · bya

སླར་བསྡུ་བ//ར་//ནི་//ཤེས་པ//ར་//བྱ

语终词//(于)//（者）//知道//虚词//虚词

第 5.3 句至第 6.2 句的意思是：任何一个词的后面，十个后加字上再加上第四个元音ཨོ [o]就成为语终词。

从第 5.3 句开始，讲述藏文语法中虚词的使用，虚词大多没有实际意义，但是实词需要靠虚词来连接成句子。藏文文法虚词分为两大类，一类是不自由虚词，又称为他转依属词或者依后置字依属词，需要根据前面的后加字的不同而选用不同的虚词；另一类是自由虚词，又称为自转依属词，不依靠前一音节的后加字而自由使用。

本部分讲述了第一个虚词语终词，十个语终词为："གོ་ངོ་དོ་ནོ་བོ་མོ་འོ་རོ་ལོ་སོ།" 。语终词只出现在句末，它表示一段语意表达的

① སླར་བསྡུ：语终词，句终词，终结词，完结声，圆满词，直译为截下词。

完成。

6.3 རྗེས་འཇུག་ཡི་གེ་བཅུ་རྣམས་ལས།།

十个后加字中，

rjes · vjug · yi · ge · bcu · rnams · las

རྗེས་འཇུག//ཡི་གེ//བཅུ//རྣམས//ལས

后加//字母//十个//诸，们//（从）

6.4 གང་མིང་མཐའ་ན་བཅུ་པ་གནས།།

任何一个词后面，第十个后加字（ས）

gang · ming · mthav · na · bcu · pa · gnas

གང//མིང//མཐའ//ན//བཅུ་པ//གནས

任何//词//后面，边//（于）//第十//放置，在

第七颂

7.1 དེ་ལ་ཨ་ལི་གཉིས་པ་སྦྱར།།

加第二个元音（u），

de · la · -va · li · gnyis · pa · sbyar

དེ//ལ//ཨ་ལི//གཉིས་པ//སྦྱར

彼//（于）//阿类（元音）//第二//组合，拼缀

7.2 གང་མིང་མཐའ་ན་བརྒྱད་པ་གནས།།

任何一个词后面，第八个后加字

gang · ming · mthav · na · brgyad · pa · gnas

གང་//མིང་//མཐའ་//ན་//བརྒྱད་པ་//གནས

任何//词//后面，边//（于）//第八//放置，在

7.3 དེ་ལ་གཉིས་པ་ཨུ་ཡང་སྦྱར།།

也可加第二个元音（u），

de · la · gnyis · pa · -u · yang · sbyar

དེ་//ལ་//གཉིས་པ་//ཨུ་//ཡང་//སྦྱར

彼//（于）//第二//[u]//也//组合，拼缀

7.4 གང་མིང་མཐའ་ན་གསུམ་པ་གནས།།

（在）任何一个词后面，第三个后加字

gang · ming · mthav · na · gsum · pa · gnas

གང་//མིང་//མཐའ་//ན་//གསུམ་པ་//གནས

任何//词//后面，边//（于）//第三//放置，在

第八颂

8.1 དེ་ལ་ཨཱ་ལི་གཉིས་པ་སྦྱར།།

加第二个元音（u），

de · la · -va · li · gnyis · pa · sbyar

དེ་//ལ་//ཨཱ་ལི་//གཉིས་པ་//སྦྱར

彼//（于）//阿类（元音）//第二//组合，拼缀

8.2 བཞི་པ་དགུ་པ་དངོས་ཀྱང་སྟེ།།

第四个（后加字）和第九个（后加字）本身，即

bzhi · pa · dgu · pa · dngos · kyang · ste

བཞི་པ་//དགུ་པ་//དངོས་//ཀྱང་//སྟེ

第四//第九//本身//（也）//即

8.3 ལས་དང་ཆེད་དང་རྟེན་གནས①་དང་།།

业格、为格、于格、

las · dang · ched · dang · rten · gnas · dang

ལས་//དང་//ཆེད་//དང་//རྟེན་གནས་//དང

业格，业声//和//为格，为声//和//于格，依声//和

8.4 དེ་ཉིད②་ཚེ་སྐབས་ལ་སྒྲ་ཡིན།།

自性业格和时间格（统称）la 声。

de · nyid · tshe · skabs · la · sgra · yin

དེ་ཉིད་//ཚེ་སྐབས་//ལ་སྒྲ་//ཡིན

自性业格//时间格//[la 声]//是

① རྟེན་གནས།：于格，也翻译为依处格。

② དེ་ཉིད།：正是如此；其本身；自性（业格）。

第 6.3 句至第 8.4 句的意思是：第十个后加字“ས”加上第二个元音[u]为“སུ”，第八个后加字“ར”加上[u]为“རུ”，第三个后加字“ད”加上[u]为“དུ”，第四个后加字“ན”，第九个后加字“ལ”，以上共五个字，即“སུ་རུ་དུ་ན་ལ།”，这就是业格、为格、于格、同体格（自性业格）和时间格。

本部分讲述了第二个虚词位格助词，也叫“la 格助词”，主要阐述了形成位格助词的方法、位格助词的文法功能和作用。

藏文传统文法是依据梵文文法制定的，有八类格助词，第一（本体格，名称格）、第二（业格）、第三（作格，具格）、第四（为格，目的格）、第五（从格）、第六（属格）、第七（于格）、第八（呼格）。其中八格中的第二（业格）、第四（为格）、第七（于格）都用位格助词来表示。

第九颂

9.1 རྗེས་འཇུག་ཡི་གེ་བཅུ་པོ་ལ།།

十个后加字中

rjes · vjug · yi · ge · bcu · po · la

རྗེས་འཇུག་//ཡི་གེ་//བཅུ་པོ་//ལ

后加//字母//十//（于）

9.2 ཨི་དང་མཐུན་ལུགས་འདི་ཞེས་བྱ།།

属格和作格都是与“ཨི”搭配构成

-i · dang · mthun · lugs · vdi · zhes · bya

ཨི་//དང་//མཐུན་//ལུགས་//འདི་//ཞེས་བྱ

[i]//和//相同//法，规则//这个，此//称为

9.3 དང་པོ་གཉིས་ལ་དང་པོ་མཐུན།།

第一、第二后加字与第一后加字（ག）组合。

dang · po · gnyis · la · dang · po · mthun

དང་པོ་//གཉིས་//ལ་//དང་པོ་//མཐུན

第一//第二//（于）//第一//相同

9.4 གསུམ་ལྔ་བཅུ་ལ་ཀྱ་དང་སྦྱར།།

第三、第五、第十后加字与“ཀྱ”组合

gsum · lnga · bcu · la · kya · dang · sbyar

གསུམ་//ལྔ་//བཅུ་//ལ་//ཀྱ་//དང་//སྦྱར

第三//第五//第十//（于）//[ཀྱ]//和//组合，拼缀

第十颂

10.1 བདུན་པ་ཉིད་ལ་བདུན་པ་སྟེ།།

第七个后加字与第七后加字组合

bdun · pa · nyid · la · bdun · pa · ste

བདུན་པ་//ཉིད་//ལ་//བདུན་པ་//སྟེ

第七//仅此，唯//（于）//第七//连词

10.2 ལྷག་མ་རྣམས་ལ་གྱ་སྦྱར་བ།།

其余的（后加字）则加“གྱ”

lhag · ma · rnams · la · gya · sbyar · ba

ལྷག་མ་//རྣམས་//ལ་//གྱ་//སྦྱར་བ

剩余//诸，们//（于）//[གྱ]//组合，拼缀

10.3 དེ་དག་ཨི་སྦྱར་འབྲེལ་བའི་ས།།

那些加“ཨི”是属格助词。

de · dag · -i · sbyar · vbrel · bavi · sa

དེ་དག་//ཨི་//སྦྱར་//འབྲེལ་བ//འི་//ས

那些//[i]//组合，拼缀//属格//（的）//地方

10.4 དེ་ཉིད་ལ་ནི་བཅུ་པ་སྦྱར།།

那些（属格助词）和第 10 个后加字组合

de · nyid · la · ni · bcu · pa · sbyar

དེ་ཉིད་//ལ་//ནི་//བཅུ་པ་//སྦྱར

那些，唯彼//（于）//虚词//第十//组合，拼缀

第十一颂

11.1 བྱེད་པ་པོ་རུ་ཤེས་པར་བྱ།།

就是作格。

byed · pa · po · ru · shes · par · bya

བྱེད་པ་པོ་//རུ་//ཤེས་//པར་//བྱ

作格//（于）//知道//虚词//虚词

从第 9.1 句至第 11.1句的意思是：十个后加字中，属格和作格都是与“ཨི”搭配构成。前一音节后加字为第一和第二后加字的，要搭配第一后加字“ག”。前一音节后加字为第三、第五、第十后加字的，要搭配“ཀྱ”。前一音节后加字为第七个后加字的，要搭配第七后加字“འ”。前一音节后加字为其余后加字的，要搭配“གྱ”。上述这些字根加[i]元音之后即为属格助词“གི་ཀྱི་འི་གྱི”。属格助词和第十个后加字“ས”组合，就是作格助词。

本部分讲述属格和作格助词的添加方式，属格和作格助词都是具有[i]元音，而且有共同的字根，添接方式也相同，所以放一起来讲。属格是八格中的第六格。

11.2 ལྷག་ལི་ཕྱིས་ནས་གཉིས་པ་སྦྱར།།

（属格）去掉第二个元音[i]

-va · li · phyis · nas · gnyis · pa · sbyar

ཨཱ་ལི་//ཕྱིས་//ནས་//གཉིས་པ་//སྦྱར

阿类（元音）//去掉//（后）//第二//组合，拼缀

11.3 ཚིག་རྒྱན[1]་གཉིས་དང་སྡུད་པར[2]་འགྱུར།།

加上第 2 个后加字成为饰词和集词

tshig · rgyan · gnyis · dang · sdud · par · vgyur

ཚིག་རྒྱན་//གཉིས་//དང་//སྡུད་པ་//ར་//འགྱུར

饰词，庄严词//第二//和//集词，摄略//虚词//成为

第 11.2 句和第 11.3 的意思是：属格助词“གི་གྱི་ཀྱི་འི”去掉元音“ི”，再加上第二个后加字“ང”，就成为饰词（庄严词）和集词（摄略词）。

11.4 ལ་དོན་སུ་ལ་ཨུ་ཕྱིས་ནས།།

位格助词的“སུ”去掉元音[u]后，

la · don · su · la · -u · phyis · nas

ལ་དོན་//སུ་//ལ་//ཨུ་//ཕྱིས་//ནས

[la]声//[སུ]//（于）//[u]//去掉//（后）

① ཚིག་རྒྱན：语气修饰词；词、义修饰词；程度修饰词，也叫庄严词。

② སྡུད་པ：集。总括，省略，简略，收束。摄略词。

第十二颂

12.1 དེ་ལ་གསུམ་པའི་དང་པོ་སྦྱར།།

它（ས）和第三组的第一个辅音字母（ད）相拼。

de · la · gsum · pavi · dang · po · sbyar

དེ་//ལ་//གསུམ་པ//འི་//དང་པོ་//སྦྱར

彼//（于）//第三//（的）//第一//结合，拼缀

12.2 དེ་ལ་ཨཱ་ལི་གསུམ་པ་སྦྱར།།

再和第三个元音[e]相拼。

de · la · -va · li · gsum · pa · sbyar

དེ་//ལ་//ཨཱ་ལི་//གསུམ་པ་//སྦྱར

彼//（于）//阿类（元音）//第三//结合，拼缀

12.3 དེ་ནི་ལྷག་དང་བཅས་པའོ[①]།།

de · ni · lhag · dang · bcas · pavo

这就是有余词。

དེ་//ནི་//ལྷག་//དང་//བཅས་པ//འོ

彼//是//剩余//和//带有//（语终词）

① ལྷག་དང་བཅས་པ།：有余词，也称为带余词、待述词，在上下文担任着承上启下的连接的任务，表示前言未尽，还有后语。

第 11.4 句至第 12.3 句的意思是：位格助词的“སུ”去掉“ུ”为“ས”，与第三组的第一个辅音“ད”相拼，得到“སྡ”，再与第三个元音[e]相拼，即为“སྡེ”字，这就是“有余词”。

12.4 རྗེས་འཇུག་ཡི་གེ་བཅུ་པོ་ལ།།

十个后加字，

rjes · vjug · yi · ge · bcu · po · la

རྗེས་འཇུག//ཡི་གེ//བཅུ་པོ//ལ

后加//字母//十//（于）

第十三颂

13.1 དྲུག་པ་སྦྱར་ན་འབྱེད་སྡུད[①]་ཡིན།།

加上第六个后加字（མ）就是离合词。

drug · pa · sbyar · na · vbyed · sdud · yin

དྲུག་པ//སྦྱར//ན//འབྱེད//སྡུད//ཡིན

第六//结合，拼缀//（如果，若）//分//合//是

第 12.4 句至第 13.1 句的意思是：十个后加字加第六个后加字“མ”就是离合词，即“གམ་ངམ་དམ་ནམ་བམ་མམ་འམ་རམ་ལམ་སམ”。

① འབྱེད་སྡུད：分合，分合，分别与集合，集散。离合词，分合词。

13.2 རྗེས་འཇུག་ཡི་གེ་བཅུ་པོ་ཡི།།

十个后加字中，

rjes・vjug・yi・ge・bcu・po・yi

རྗེས་འཇུག་//ཡི་གེ་//བཅུ་པོ་//ཡི

后加//字母//十//（的）

13.3 བཞི་པ་དགུ་པ་ལ་བཅུ་པ།།

第四（后加字）、第九（后加字）分别与第十（后加字）

bzhi・pa・dgu・pa・la・bcu・pa

བཞི་པ་//དགུ་པ་//ལ་//བཅུ་པ

第四//第九//（于）//第十

13.4 སྦྱར་བ་འབྱུང་ཁུངས①་ས་ཡིན་ཏེ།།

相拼为从格。

sbyar・ba・vbyung・khungs・sa・yin・te

སྦྱར་བ་//འབྱུང་ཁུངས་//ས་//ཡིན་//ཏེ

结合，拼缀//从格//地方，处//是//连接词

① འབྱུང་ཁུངས：成分，出身，发源处，源头，根源，来源；从格。

第十四颂

14.1 དགར་དང་སྡུད་པའང་དེ་བཞིན་ཡིན།།

也可作比较和集合用。

dgar · dang · sdud · pavang · de · bzhin · yin

དགར་//དང་//སྡུད་པ་//འང་//དེ་བཞིན་//ཡིན

分类，比较//和//集合，摄略//（也）//如是，如此//是

第 13.2 句至第 14.1 句的意思是：十个后加字中，在第四后加字“ན”和第九后加字“ལ”分别与第十个后加字“ས”相拼，就是从格，即“ནས”和“ལས”，从格也可用于表示比较关系和集合。

14.2 གང་མིང་བརྗོད་པའི་དང་པོ་རུ།།

在任何名词前面，

gang · ming · brjod · pavi · dang · po · ru

གང་//མིང་//བརྗོད་པ་//འི་//དང་པོ་//རུ

任何//名词//说，内容//（的）//第一，初//（于）

14.3 ཀྱེ་སྦྱར་བ་ནི་བོད་པ་ཡིན།།

加“ཀྱེ”为呼格。

kye · sbyar · ba · ni · bod · pa · yin

ཀྱེ་//སྦྱར་བ་//ནི་//བོད་པ་//ཡིན

[ཀྱཻ]//组合，拼缀//虚词//呼格//是

第 14.2 句和第 14.3 句的意思是：在任何名词前面，加“ཀྱཻ”为呼格。呼格一般用在句首，表示跟人打招呼、惊讶或感叹，也可用在句尾，用做祈使语气词，类似汉语的“喂”“唉”。

14.4 གང་མིང་མཐའ་དང་མཐུན་པ་ཡི།།

任何名词后面

gang · ming · mthav · dang · mthun · pa · yi

གང་//མིང་//མཐའ་//དང་//མཐུན་པ་//ཡི

任何//词//后面//和//相同，适合//（的）

第十五颂

15.1 བཞི་པ་ལ་ནི་ཨི་སྦྱར་བ།།

第四个（后加字）加上[i]，

bzhi · pa · la · ni · -i · sbyar · ba

བཞི་པ་//ལ་//ནི་//ཨི་//སྦྱར་བ

第四//（于）//虚词//[i]//组合

15.2 དགར་དང་བརྣན་པའི་ཚིག་ཏུ་འགྱུར།།

就成为分离和强调词

dgar · dang · brnan · pavi · tshig · tu · vgyur

དགར་//དང་//བརྟན་པ//འི་//ཚིག་//ཏུ་//འགྱུར

分离//和//强调//（的）//词//将(虚词)//成为

第 14.4 句至第 15.2 句的意思是：在任一名词的后边，第四个后加字“ན”加上“ི”即“ནི”，表示分离和强调。

15.3 མིང་གང་རུང་བའི①་བར་མཚམས②་སུ།།

在任何词的中间，

ming · gang · rung · bavi · bar · mtshams · su

མིང་//གང་//རུང་བ//འི་//བར་མཚམས་//སུ

词//任一、任何//可能、合适//（的）//之间//（于）

15.4 གསུམ་པ་ལ་ནི་གཉིས་པ་སྦྱར།།

第三（后加字ད）后加第二个（后加字ང），

gsum · pa · la · ni · gnyis · pa · sbyar

གསུམ་པ་//ལ་//ནི་//གཉིས་པ་//སྦྱར

第三//（于）//虚词//第二//组合，拼缀

第十六颂

16.1 དེ་ནི་སྡུད་དང་འབྱེད་པ་དང་།།

① གང་རུང་བ།：也作任何。

② བར་མཚམས།：中间时刻。中间，空隙，间隙，二者之间。

这表示集合、分离、

de · ni · sdud · dang · vbyed · pa · dang

དེ་//ནི་//སྡུད་//དང་//འབྱེད་པ་//དང

彼//虚词//聚合//和//分开//和

16.2 རྒྱུ་མཚན་ཚེ་སྐབས་གདམས་ངག་ལྔའོ།།

原因、时间和命令五种（意义）。

rgyu · mtshan · tshe · skabs · gdams · ngag · lngavo

རྒྱུ་མཚན་//ཚེ་སྐབས་//གདམས་ངག་//ལྔ//འོ

原因//时间//教诲，命令//五//（语终词）

第 15.3 句至第 16.2 句的意思是：在任何名词的中间，用第三个后加字“ད”与第二个后加字“ང”字组合成为“དང”时，表集合、分离、原因、时间、命令等。

16.3 གང་མིང་གི་ནི་ཡ་མཐའ་རུ།།

在任何词前面，

gang · ming · gi · ni · ya · mthav · ru

གང་//མིང་//གི་//ནི་//ཡ་མཐའ་//རུ

任何//词//（的）//虚词//前面//（于）

16.4 གསུམ་པ་ལ་ནི་ཨེ་སྦྱར་བ།།

第三个（后加字ད）加[e]

gsum · pa · la · ni · -e · sbyar · ba

གསུམ་པ་//ལ་//ནི་//ཨེ་//སྦྱར་བ

第三//（于）//虚词//[e]//组合，拼缀

第十七颂

17.1 ཐ་སྙད་དབང་དུ་གསུམ་ཡིན་ཏེ།།

用于指名称的用法有三种

tha · snyad · dbang · du · gsum · yin · te

ཐ་སྙད་//དབང་//དུ་//གསུམ་//ཡིན་//ཏེ

名称，言词//能力，范围//（于）//第三//是//连续词

17.2 དངོས་པོའི་དབང་དུ་བཞི་རུ་འགྱུར།།

用于指事物的用法有四种

dngos · povi · dbang · du · bzhi · ru · vgyur

དངོས་པོ//འི་//དབང་//དུ་//བཞི་//རུ་//འགྱུར

事物//（的）//能力，范围//（于）//第四//(将)//成为

17.3 དུས་ཀྱི་དབང་དུ་གཉིས་ཡིན་ནོ།།

用于指时间的用法有二种。

dus · kyi · dbang · du · gnyis · yin · no

དུས་//ཀྱི་//དབང་//དུ་//གཉིས་//ཡིན་//ནོ

时间//（的）//能力，范围//（于）//二//是//（语终词）

第 16.3 句至第 17.3 句的意思是：在任何词前面，第三个后加字“ད”加上“ེ”，就成为“དེ”，这个虚词共有三类九种用法，第一类指名称的有三种，第二类指事物的有四种，第三类指时间的有二种。

17.4 གང་མིང་བརྗོད་པའི་དང་པོ་རུ།།

任何一个名词之前

gang · ming · brjod · pavi · dang · po · ru

གང་//མིང་//བརྗོད་པ//འི་//དང་པོ་//རུ

任何//词//内容，说//（的）//第一，初//（于）

第十八颂

18.1 དང་པོ་ལ་ནི་གཉིས་པ་སྦྱར།།

第一个（后加字ག）后加第二个（后加字ང），

dang · po · la · ni · gnyis · pa · sbyar

དང་པོ་//ལ་//ནི་//གཉིས་པ་//སྦྱར

第一//（于）//虚词//第二//组合，拼缀

18.2 སྤྱི①་ལ་ཁྱབ་པ་ཉིད་དུ་འགྱུར།།

① སྤྱི།：共同、全面，统指词。拥戴。

成为统指词（གང）。

spyi · la · khyab · pa · nyid · du · vgyur

སྤྱི་//ལ་//ཁྱབ་པ་//ཉིད་//དུ་//འགྱུར

统指词，总声//（于）//普遍//仅此，唯//虚词//成为

第 17.4 句至第 18.2 句的意思是：第一个后加字“ག”后边，加上第二个后加字“ང”，即“གང”放在任一名词之前，就是统指词。

18.3 གང་མིང་གི་ནི་མ་མཐའ་ན།།

任何名词的后面，

gang · ming · gi · ni · ma · mthav · na

གང་//མིང་//གི་//ནི་//མ་//མཐའ་//ན

任何//名词//（的）//虚词//虚词//后面//（于）

18.4 པུ་ལིངྒ①་ཡི་སྒྲ་མེད་པ།།

没有加表性别的字母

pu · lingga · yi · sgra · med · pa

པུ་ལིངྒ་//ཡི་//སྒྲ་//མེད་པ

逋岭噶//（的）//声，音//无，没有

① པུ་ལིངྒ།：对音逋岭噶。པུ：表示པ这一组字母，ལིངྒ：为性，常用པ这一组字母来表示阴阳性别。

第十九颂

19.1 དེ་ལ་པུ་ལིངྒ་སྦྱར་ན།།

如果加表性别的字母，

de · la · pu · lingga · sbyar · na

དེ་//ལ་//པུ་ལིངྒ་//སྦྱར་//ན

彼//（于）//逋岭噶//组合，拼缀//（如果，若）

19.2 བདག་པོའི་སར་ནི་ཤེས་པར་བྱ།།

这个词语便成为主人词。

bdag · povi · sar · ni · shes · par · bya

བདག་པོ//འི་//སར་//ནི་//ཤེས་པ//ར་//བྱ

主人词//（的）//在地上，处//者//知道//虚词//虚词

第 18.3 句至第 19.2 句的意思是：任何一名词的后边，原来没有加表阳性的字母“བ་པ”，若加上，就表示主人的意思。

主人词加在人的名词或动词后，表示与该事物或动作有关的人，类似于汉语的“者”“家”等。

19.3 གང་མིང་བརྗོད་པའི་ཡ་མཐའ་ན།།

任何一名词的前面

gang · ming · brjod · pavi · ya · mthav · na

གང་//མིང་//བརྗོད་པ//འི་//ཡ་མཐའ་//ན

任何//词//内容，说//（的）//前面//（于）

19.4 སྟྲཱི་ལིངྒ①ཡི་སྒྲ་མེད་པ།།

没有加表阴性的字母（མ, མི），

strvi · lingga · yi · sgra · med · pa

སྟྲཱི་ལིངྒ་//ཡི་//སྒྲ་//མེད་པ

郅岭噶//（的）//声，音//无，没有

第二十颂

20.1 དེ་ལ་སྟྲཱི་ལིངྒ་སྦྱར་ན།།

如果加上表阴性的字母，

de · la · sni · li · rgo · sbyar · na

དེ་//ལ་//སྟྲཱི་ལིངྒ་//སྦྱར་//ན

彼//（于）//郅岭噶//组合，拼缀//（如果，若）

20.2 དགག②་པའི་གནས་སུ་ཤེས་པར་བྱ།།

由此可知是否定。

dgag · pavi · gnas · su · shes · par · bya

① སྟྲཱི་ལིངྒ།：郅岭噶，指阴性字母མ。20.1 同 19.4。

② དགག：否定词，也有翻译为遮止词、遮声。

དགག་པ//འི་//གནས་//སུ་//ཤེས་པ//ར་//བྱ

否定，遮声//（的）//处//虚词//知道//虚词//虚词

第 19.3 句至第 20.2 句的意思是：凡在任何一名词的前面，原来没有阴性字母，若加上“མ”、“མི”，这就是否定词。

20.3 ཚིགས་སུ་བཅད་པའི་མཚམས་སྦྱོར་རྣམས།།

偈颂写作中，

tshigs · su · bcad · pavi · mtshms · sbyor · rnams

ཚིགས་སུ་བཅད་པ//འི་//མཚམས་སྦྱོར་//རྣམས

颂，四句//（的）//结合，连接//诸，们

20.4 ཅུང་ཟད་བསྡུས་པ་ཡོད་ན་ཡང་།།

虽然略有缩略，

cung · zad · bsdus · pa · yod · na · yang

ཅུང་ཟད་//བསྡུས་པ་//ཡོད་//ན་//ཡང

稍微//简要、大略//有//虚词//（虽然）

第二十一颂

21.1 དེ་ནི་དེ་བཞིན་སྦྱར་བར་བྱ།།

但是要如实添加上（虚词）去理解。

de · ni · de · bzhin · sbyar · bar · bya

དེ་//ནི་//དེ་བཞིན་//སྦྱར་བ་//ར་//བྱ

彼//者//如是，如此//组合//虚词//组合

第 20.3 句至第 21.1 句的意思是：在偈颂中，因为字数的限制，势必省略一些在语法规律上，应该添加连接各语词用的虚词去理解。

藏文文体通常有偈颂、长行和混合体等。为了便于阅读，偈颂体会出现省略的情况，但阅读者应该加上被省略的助词等来进行理解。

21.2 སྔོན་འཇུག་ཡོད་དམ་མེད་ཀྱང་རུང་།།

无论是否有前加字

sngon · vjug · yod · dam · med · kyang · rung

སྔོན་འཇུག་//ཡོད་//དམ་//མེད་//ཀྱང་//རུང

前加//有//（或者）//没有//也（连词）//可

21.3 མིང་གཞིའི་ཡི་གེ་གང་ཡིན་ལ།།

无论是任何基字

ming · gzhivi · yi · ge · gang · yin · la

མིང་གཞི//འི་//ཡི་གེ་//གང་//ཡིན་//ལ

基字//（的）//字母//任何//是//（于）

21.4 ཉིས་འབྲེལ་ཡོད་དམ་སུམ་འབྲེལ་ཡོད།།

有二叠或三叠

nyis · vbrel · yod · dam · sum · vbrel · yod

ཉིས་//འབྲེལ་//ཡོད་//དམ་//སུམ་//འབྲེལ་//ཡོད

二//连接，叠//有//（或者）//三//连接，叠//有

第二十二颂

22.1 ཨཱ་ལི་བཞི་ལས་གང་ལྡན་ཡང་།།

即使搭配了四个元音的任何一个

-va · li · bzhi · las · gang · ldan · yang

ཨཱ་ལི་//བཞི་//ལས་//གང་//ལྡན་//ཡང

阿类（元音）//四个//（由）//任何//具有//（虽然）

22.2 རྗེས་འཇུག་བཅུ་་པོ་མ་ཞུགས་ན།།

如果没有十个后加字（中的一个），

rjes · vjug · bcu · po · ma · zhugs · na

རྗེས་འཇུག་//བཅུ་པོ་//མ་//ཞུགས་//ན

后加//十//不//加入、参加//（如果，若）

22.3 མིང་གཞན་སྦྱོར་བ་ཡོད་མི་སྲིད།།

便不能构成词。

ming · gzhan · sbyor · ba · yod · mi · srid

མིང་//གཞན་//སྦྱར་བ་//ཡོད་//མི་སྲིད

词//其他//结合、组合//有，存在//没有，不可能

第 21.2 句至第 22.3 句的意思是：无论是否有前加字（前加字可有可无），即使两个字母或三个字母重叠起成为叠字，上方或者下方再加上元音符号，如果没有后加字，也不能成词。

本部分颂文主要是强调后加字的重要性，无论有没有前加字。基字可以加上加字或者下加字形成二叠或三叠基字丁，即便再加上元音，如果没有后加字的参与，也不能成字成词，不符合藏语语法。

22.4 རྗེས་འཇུག་བཅུ་ཡི་དོན་ཤེས་ན།།

如果知道十个后加字的意义，

rjes · vjug · bcu · yi · don · shes · na

རྗེས་འཇུག་//བཅུ་//ཡི་//དོན་//ཤེས་//ན

后加//十//（的）//意义//知道，了解//（如果，若）

第二十三颂

23.1 འབྲི་དང་ཀློག་དང་བཤད་རྣམས་ཀྱི།།

写、读和讲述等

vbri · dang · klog · dang · bshad · rnams · kyi

འབྲི་//དང་//ཀློག་//དང་//བཤད་//རྣམས་//ཀྱི

写//和//诵读//和//论说//诸，们//（的）

23.2 མཚམས་སྦྱོར་སྒྲ་ལ་ཐོགས་མེད་ཅིང་།

语音拼合就没有障碍，

mtshams · sbyor · sgra · la · thogs · med · cing

མཚམས་སྦྱོར་//སྒྲ་//ལ་//ཐོགས་མེད་//ཅིང

结合//声，音//（于）//无阻//（而）

23.3 འབྲེལ་བ་སྨྲ་བའི་མཆོག་ཏུ་འགྱུར།

讲话就有很好的连贯性

vbrel · ba · smra · bavi · mchog · tu · vgyur

འབྲེལ་བ་//སྨྲ་བ//འི་//མཆོག་//ཏུ་//འགྱུར

连贯//论，说//（的）//殊胜，第一//将（虚词）//成为

23.4 གཞན་ཡང་རྗེས་འཇུག་དོན་ཤེས་པ་ཡིས།

另外，理解了后加字，

gzhan · yang · rjes · rjug · don · shes · pa · yis

གཞན་ཡང་//རྗེས་འཇུག་//དོན་ཤེས་པ་//ཡིས

另外，再次//后加//得知，了解//以

第二十四颂

24.1 དོན་གྱི་སྦྱོར་བ་མ་མཐོང་ཡང་།

虽然不知道意义

don · gyi · sbyor · ba · ma · mthong · yang

དོན་//གྱི་//སྦྱོར་བ་//མ་//མཐོང་//ཡང

意义//（的）//组合，结合//没有//见//（虽然）

24.2 དོན་དང་མཐུན་པའི་སྦྱོར་བ་ཤེས།།

但也能了解内容意义，

don · dang · mthun · pavi · sbyor · ba · shes

དོན་//དང་//མཐུན་པ་//འི་//སྦྱོར་བ་//ཤེས

意义//和//相同//（的）//组合，结合//得知，了解

第 22.4 句至第 24.2 句的意思是：把后加字及全部语法学明白了，可以写字写得不错，可以读音读得准确，讲话就有很好的连贯性。另外，理解了后加字，即便不知道文字的意义，但也能根据词句的文法结构，了解内容意义。

后加字语法是《三十颂》文法的核心，本节讲述学习后加字及由后加字发展成的语法规律的必要性。

24.3 རྗེས་འཇུག་སྦྱོར་བ་མཁས་པ་ན།།

如果精通后加字的添加、

rjes · vjug · sbyor · ba · mkhas · pa · na

རྗེས་འཇུག་//སྦྱོར་བ་//མཁས་པ་//ན

后加//组合，结合//精通，通达//（如果，若）

24.4 ལུང་གི་དོན་དང་སྦྱོར་བ་དང་།།

文法论典

lung · gi · don · dang · sbyor · ba · dang

ལུང་//གི་//དོན་//དང་//སྦྱོར་བ་//དང

文法规则//（的）//义//和//结合，结构//和

第二十五颂

25.1 བླ་མའི་མན་ངག་གསུམ་སྦྱར་ནས།།

上师的口诀三者配合

bla · mavi · man · ngag · gsum · sbyar · nas

བླ་མ//འི་//མན་ངག་//གསུམ་//སྦྱར་//ནས

上师//（的）//口诀//三//结合，配合//（后）

25.2 དོན་གྱི་ཐོག་ཏུ་དབབ་པར་བྱ།།

理解经典的道理，

don · gyi · thog · tu · dbab · par · bya

དོན་//གྱི་//ཐོག་//ཏུ་//དབབ་པ//ར་//བྱ

意义//（的）//方面//判位词//决定，抉择//助词//虚词

第 24.3 句至第 25.2 句的意思是：配合后加字的添加文法（即

语法规律），文法论典和上师的口决三者结合起来，去了解各种经典道理。

25.3 བསླབ་ལ་བརྩོན་པའི་གང་ཟག་གིས།།

努力学习的人，

bslab · la · brtson · pavi · gang · zag · gis

བསླབ་//ལ་//བརྩོན་པ//འི་//གང་ཟག་//གིས

学//（于）//勤奋、努力//（的）//人，众生//（以）

25.4 དང་པོར་ང་རོ①་རྣམས་ལ་སྦྱང་།།

首先应学习发音，

dang · por · nga · ro · rnams · la · sbyang

དང་པོ//ར་//ང་རོ་//རྣམས་//ལ་//སྦྱང

最初，首先//虚词//发音，声调//诸，们//（于）//学习，练习

第二十六颂

26.1 སྔོན་འཇུག་མིང་གཞི་རྗེས་འཇུག་གསུམ།།

前加字、基字、后加字三种

sngon · vjug · ming · gzhi · rjes · vjug · gsum

སྔོན་འཇུག་//མིང་གཞི་//རྗེས་འཇུག་//གསུམ

① ང་རོ།：声调；叫声，吼声，啸声。这里指发音。

前加//基字//后加//三种

26.2 ཀློག་གི་ཆེད་དུ་བསླབ་པ་ཡིན།།

学习的目的是诵读，

klog · gi · ched · du · bslab · pa · yin

ཀློག་//གི་//ཆེད་དུ་//བསླབ་པ་//ཡིན

诵读//（的）//为了，缘故//学习//是

26.3 རྗེས་འཇུག་བཞི་ཡི་སྦྱོར་བ་ནི།།

后加字的四个搭配要义

rjes · vjug · bzhi · yi · sbyor · ba · ni

རྗེས་འཇུག་//བཞི་//ཡི་//སྦྱོར་བ་//ནི

后加//四个//（的）//结合//（者）

26.4 མཉན་བསམ་བསྟན་པའི་དོན་དུ་སྦྱར།།

听、思、说配合

mnyan · bsam · bstan · pavi · don · du · sbyar

མཉན་//བསམ་//བསྟན་པ//འི་//དོན་//དུ་//སྦྱར

听，闻//思//指示，论义//（的）//意义//（为）//结合

第二十七颂

27.1 ཡན་ལག་དེ་དག་མཐུ་ཡིས་ནི།།

具备了那些能力

yan · lag · de · dag · mthu · yis · ni

ཡན་ལག//དེ་དག//མཐུ་//ཡིས་//ནི

分支//那些//能力//（以）//者

27.2 འབྲས་བུའི་ཆེད་དུ་དོན་ལ་དབབ།།

对修成正果的理论具有判断力，

vbras · buvi · ched · du · don · la · dbab

འབྲས་བུ//འི་//ཆེད་དུ་//དོན་//ལ་//དབབ

结果，效果//（的）//为了，缘故//意义//（于）//决定，抉择

第 25.3 句至第 27.2 句的意思是：努力学习的人，首先应学习发音，学习前加字、基字、后加字三种，学习的目的是诵读。学习后加字的四个搭配要义。听上师讲解、自己思考及给别人讲解等三方面配合。具备了上述的学习能力，才能具有判断力，修成正果。

后加字的四个搭配要义在《字性组织法》中有讲述，包括：后加字用在什么地方；用哪些后加字；怎么搭配后加字；为什么这么搭配。

27.3 བསླབ་པའི་རིམ་པ་འདི་ཡིས་ནི།།

以此步骤学习，

bslab · pavi · rim · pa · vdi · yis · ni

བསླབ་པ//འི་//རིམ་པ་//འདི་//ཡིས་//ནི

学习//（的）//层次，次第//这，此//（以）//（者）

27.4 གང་ཞིག་འབད་པ་ཆུང་ངུས་ཀྱང་།

只要稍加努力，

gang · zhig · vbad · pa · chung · ngus · kyang

གང་ཞིག་//འབད་པ་//ཆུང་ངུ་//ས་//ཀྱང

任何人//努力//稍微，少许//（以）//（虽然）

第二十八颂

28.1 ཤེས་རབ་མྱུར་དུ་གྲོལ་བར་འགྱུར།

智慧很快就会释放出来。

shes · rab · myur · du · grol · bar · vgyur

ཤེས་རབ་//མྱུར་//དུ་//གྲོལ་བ//ར་//འགྱུར

智慧//迅速//虚词//解脱、散开//（将）//成为

28.2 དེ་ཕྱིར་དང་པོར་འདི་ཉིད་བསླབ།

所以首先要学此论（文法）

de · phyir · dang · por · vdi · nyid · bslab

དེ་ཕྱིར་//དང་པོ་//ར་//འདི་ཉིད་//བསླབ

因此//首先，第一//虚词//仅此，唯//学习

28.3 དེ་ནས་རྒྱས་པའང་མཉན་བྱས་ཏེ།།

然后再扩大学习范围

de · nas · rgyas · pavang · mnyan · byas · te

དེ་ནས་//རྒྱས་པ//འང་//མཉན་//བྱས་//ཏེ

之后//详尽，广//又（虚词）//听闻，了解//作（虚词）//

虚词

28.4 བསླབ་པ་གང་ལ་དད་པ་ཡི།།

学习自己相信的学问

bslab · pa · gang · la · dad · pa · yi

བསླབ་པ་//གང་//ལ་//དད་པ་//ཡི

学习，学问//任何//（于）//信仰，信任//（的）

第二十九颂

29.1 གཞུང་ཉིད་བླ་མ་དག་ལས་མཉན།།

要听取上师对理论的讲解。

gzhung · nyid · bla · ma · dag · las · mnyan

གཞུང་//ཉིད་//བླ་མ་//དག་//ལས་//མཉན

经论，理论//仅此，唯//上师//们//（由）//听闻

29.2 སློབ་དཔོན་དེ་ཉིད་དུ་འཛིན་ཅིང་།།

要选好上师

slob · dpon · de · nyid · du · vdzin · cing

སློབ་དཔོན་//དེ་ཉིད་//དུ་//འཛིན་//ཅིང

上师，师傅//他//唯彼//（于）//持//而且（连词）

29.3 ལེ་ལོ་གཡེང་བ་རྣམ་པར་སྤངས།།

克服自己的懒惰和散漫

le · lo · g.yeng · ba · rnam · par · spangs

ལེ་ལོ་//གཡེང་བ་//རྣམ་པ་//ར་//སྤངས

懒惰，懈怠//散乱//形式//虚词//抛弃，断除

29.4 ཟོ་བཟང་དད་པ་ལ་བརྟེན་པ།།

本性要好，相信和依靠老师。

zo · bzang · dad · pa · la · brten · pa

ཟོ་//བཟང་//དད་པ་//ལ་//བརྟེན་པ

性情，体质//善，好//信仰，信心//（于）//依靠

第三十颂

30.1 སྐྱེས་བུ་དེས་ནི་མྱུར་རྟོགས་ཏེ།།

这样的人悟性很好，

skyes · zu · des · ni · myur · rtogs · te

སྐྱེས་བུ་//དེས་//ནི་//མྱུར་//རྟོགས་//ཏེ

人，士//这个//者//快速，迅速//领悟，觉悟//虚词

30.2 དེ་ལ་དུས་སུ་འདོམས་པར་བྱ།།

要及时给他教导，

de · la · dus · su · vdoms · par · bya

དེ་//ལ་//དུས་སུ་//འདོམས་པ//ར་//བྱ

彼//（于）//及时，时时//教导，教戒//助词//虚词

30.3 ཅིག་ཤོས་དེ་ལས་ལྡོག་པའོ།།

反之则亦然。

cig · shos · de · las · ldog · pavo

ཅིག་ཤོས་//དེ་//ལས་//ལྡོག་པ//འོ

另一方面，反面//那，彼//（由）//相反//（终结词）

第 27.3 句至第 30.3 句的意思是：依此方法学习，只要稍微努力，智慧很快就会释放出来，所以首先必须学习本论，通达文字语法，在此基础上再学习其他文法论典，学习自己信仰的学问，听上师对理论的讲解。学习语法的人，依靠能教语法的上师，完全克服自己的懒惰和散乱，自己刻苦努力，学生本性要好，相信和依靠老师。这样的人悟性好，要及时给予教导。反之，不是这样的人，可以不教。

《字性组织法》

ལུང་སྟོན་པ་རྟགས་ཀྱི་འཇུག་པ་ཞེས་བྱ་བ།

《字性组织法》（རྟགས་ཀྱི་འཇུག་པའི་ཚ་བ）（又译《字性法纲要》《声明记论》《字性缀联法》《音势论》《大金局巴》）是偈颂体，是八部根本著作之一。

《字性组织法》主要通过基字、前加字、后加字的字性来论述动词的屈折变化规律，内容涵盖藏语音韵和语法两个方面。

《字性组织法》不同的版本句数略有差异。本书选用的版本颂文共一百四十四句，每四句为一段，分为三十六颂，大体上分为四部分。

第一部分主要讲字性分类，按发音方法将藏文字母分为阴性、阳性和中性等类。

第二部分主要讲前加字的字性分类、缀联规则及其作用。提出前加字和基字相互添接和不能添接的规律及前加字时态和语法功能。

第三部分主要讲后加字的字性分类及用法，分为声加法和义加法。

第四部分主要讲藏文语法格的作用，提出由字成词，由词生句，以句表意及意义配合的重要性。

《字性组织法》对藏文字母用阴阳来分类，最少的是两类，最多的时候是五类，层次关系比较复杂，可分为四个层次。藏文阴阳层次关系见图1。

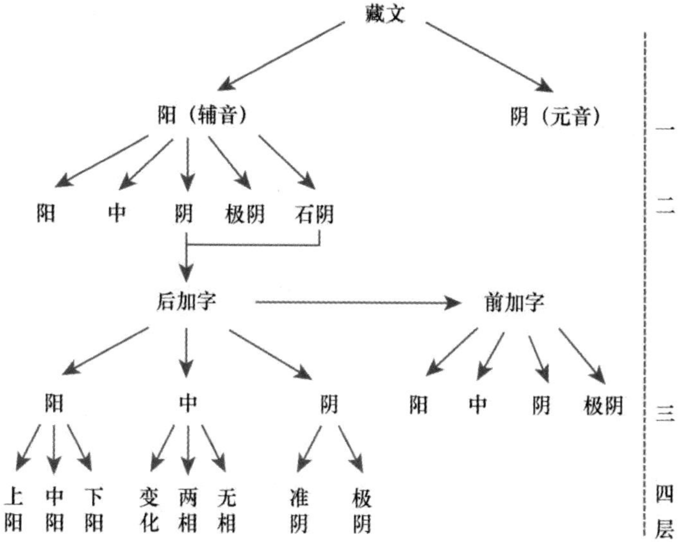

图1　藏文阴阳层次关系图

第一层次是用阴阳来区分辅音和元音，三十个辅音字母为阳性，元音符号为阴性。

第二层次是对三十个辅音字母再用阴阳分类，有三分法和五分法。五分法为阳性、中性、阴性、极阴性和石阴性。阳性是不送气清塞音和清塞擦音，中性是送气清塞音和送气清塞擦音，阴性是浊塞音、浊塞擦音、浊擦音、清擦音、半元音，极阴性是鼻音，石阴性是通音、清喉擦音和清喉塞音。三分法是阳性、中性和阴性。把五分法的极阴性和石阴性合并到阴性。

第三个层次是对后加字再用阴阳分类，十个后加字在三十个字母中都是阴性字母，内部又分为阳性、中性和阴性三种。第三个层次也对前加字再用阴阳分类，五个前加字在三十个字母中都是阴性字母，包括在后加字中，内部又分为阳性、中性、阴性和极阴性。

第四个层次是对后加字的阳性字再分为上阳性、中阳性、下阳性三种。中性字再分为变化中性、两相中性和无相中性三种。阴性字再分为准阴性和极阴性。

ལུང་སྟོན་པ་རྟགས་ཀྱི་འཇུག་པ་ཞེས་བྱ་བ།

《字性组织法》原文

1　རྒྱ་གར་སྐད་དུ།

2 བྷཱ་ཀ་ར་ཙ་ལིཀྵ་པ་ཏཱ་ར/ནཱ་མ།

3 བོད་སྐད་དུ།

4 ལུང་སྟོན་པ་རྟགས་ཀྱི་འཇུག་པ་ཞེས་བྱ་བ།

5 བྷཱ་ཀ་ར་ཙའི་དབང་ཕྱུག་ལ་ཕྱག་འཚལ་ལོ།།

6 སྨྲ་བའི་སྐྱེས་མཆོག་སྨྲ་བའི་རྒྱལ།།

7 ཐམས་ཅད་མཁྱེན་ལ་ཕྱག་འཚལ་ལོ།།

1.1 ཕོ་ཡི་ཡི་གེ་འབའ་ཞིག་ལ།།

1.2 སྡེ་བ་ཕྱེད་དང་བརྒྱད་གནས་པའང་།།

1.3 སྡེ་ཚན་ལྔ་རུ་དྲིལ་བྱས་ནས།།

1.4 ཡི་གེ་སུམ་ཅུ་ཐམ་པ་ལ།།

2.1 ཕོ་མོ་མ་ནིང་གསུམ་དུ་དབྱེ།།

2.2 ཕོ་དང་མ་ནིང་མོ་དང་ནི།།

2.3 ཤིན་ཏུ་མོ་དང་བཞི་བཞི་རུ།།

2.4 སྡེ་བ་བཞི་པ་ཡན་ཆད་དབྱེ།།

3.1 ལྷག་མ་བཅུ་བཞི་གནས་པ་ལ།།

3.2 ཙ་ཚོགས་གསུམ་ནི་ཙ་ཚོགས་སྦྱར།།

3.3 ཞ་ནི་བ་དང་སྦྱར་བར་བྱ།།

3.4 ལྷག་མ་དྲུག་ནི་མོ་རུ་སྦྱར།།

4.1 ར་ལ་ཧ་ནི་མོ་གཤམ་སྟེ།།

4.2 ཨ་ནི་མཚན་མེད་ཅེས་ཀྱང་བྱ།།

4.3 མོ་ཡི་ཡི་གེའི་ནང་ནས་ནི།།

4.4 འཇུག་པའི་ཡི་གེ་བཅུ་དབྱུང་བྱ།།

5.1 འཇུག་པ་བཅུ་ཡི་ནང་ནས་ནི།།

5.2 སྔོན་འཇུག་ཡི་གེ་ལྔ་དབྱུང་བྱ།།

5.3 སྔོན་འཇུག་ཡི་གེ་ལྔ་པོ་ལ།།

5.4 ཕོ་དང་མ་ནིང་མོ་དང་ནི།།

6.1 ཤིན་ཏུ་མོ་དང་བཞི་རུ་དབྱེ།།

6.2 དེ་དག་རེ་རེའང་བཞི་བྱེད་དེ།།

6.3 གང་ལ་འཇུག་བྱེད་གང་གིས་འཇུག།།

6.4 ཇི་ལྟར་འཇུག་བྱེད་ཅི་ཕྱིར་འཇུག།།

7.1 གང་ལ་འཇུག་པར་བྱེད་ཅེ་ན།།

7.2 ཕོ་ནི་ཕོ་དང་མོ་ལ་འཇུག།

7.3 མོ་ནི་མོ་དང་མ་ནིང་ལ།།

7.4 མ་ནིང་ཡང་ནི་ཕོ་མོ་ལའོ།།

8.1 ཤིན་ཏུ་མོ་ནི་མ་ནིང་དང་།།

8.2 མོ་དང་ཤིན་ཏུ་མོ་ཉིད་ལའོ།།

8.3 མི་འཇུག་པ་ནི་འདི་ལྟ་སྟེ།།

8.4 ཕོ་ནི་མ་ནིང་ལ་མི་འཇུག།

9.1 སོ་ནི་ཕོ་ལ་འཇུག་པ་མིན།།

9.2 མ་ནིང་རང་ལ་རང་མི་འཇུག།

9.3 རང་གི་སྟེ་དང་འཕྲད་པ་ན།།

9.4 ཕོ་ཡང་མོ་ལ་འཇུག་མི་འགྱུར།།

10.1 མ་ནིང་མོ་ཡང་དེ་བཞིན་ནོ།།

10.2 ཇི་ལྟར་འཇུག་པར་བྱེད་ཅེ་ན།།

10.3 ཕོ་ནི་དྲག་པའི་ཚུལ་གྱིས་ཏེ།།

10.4 མ་ནིང་རན་པར་འཇུག་པ་ཡིན།།

11.1 མོ་ནི་ཞན་པའི་ཚུལ་གྱིས་ཏེ།།

11.2 ཤིན་ཏུ་མོ་ནི་མཉམ་པས་སོ།།

11.3 ཅི་ཕྱིར་འཇུག་པར་བྱེད་ཅེ་ན།།

11.4 ཕོ་ནི་འདས་དང་གཞན་བསྒྲུབ་ཕྱིར།།

12.1 མ་ནིང་གཉིས་ཀ་ད་ལྟར་ཆེད།།

12.2 མོ་ནི་བདག་ད་མ་འོངས་ཕྱིར།།

12.3 ཤིན་ཏུ་མོ་ནི་མཉམ་ཕྱིར་རོ།།

12.4 རྗེས་འཇུག་ཡི་གེ་བཅུ་པོ་ལ།།

13.1 ཕོ་མོ་མ་ནིང་གསུམ་དུ་དབྱེ།།

13.2 ཕོ་ལ་སྐྱེས་བུ་རབ་འབྲིང་གསུམ།།

13.3 མོ་ལ་མོ་དང་ཤིན་ཏུ་མོ།།

13.4 མ་ནིང་འགྱུར་དང་མཚན་གཉིས་དང་།།

14.1 མཚན་མེད་དག་དང་གསུམ་དུ་འདོད།།

14.2 དེ་ཡང་བྱེད་པ་བཞི་བྱེད་དེ།།

14.3 གང་ལ་འཇུག་བྱེད་གང་གིས་བྱེད།།

14.4 ཇི་ལྟར་འཇུག་བྱེད་ཅི་ཕྱིར་བྱེད།།

15.1 གང་ལ་ཡི་གེ་ཐམས་ཅད་ལ།།

15.2 གང་གིས་བཅུ་པོ་དེ་དག་གིས།།

15.3 ཇི་ལྟར་རྣམ་པ་གཉིས་ཡིན་ཏེ།།

15.4 སྒྲ་ཡི་འཇུག་ཚུལ་དོན་གྱི་ཚུལ།།

16.1 ཕོ་གསུམ་མོ་གཉིས་མ་ནིང་གསུམ།།

16.2 དྲག་ཞན་བར་མ་གསུམ་དུ་འཇུག།།

16.3 དྲག་པ་གསུམ་ཉིད་ནང་སྦྲད་དམ།།

16.4 གལ་ཏེ་ཞན་པ་ནང་སྦྲད་ན།།

17.1 དེ་ལའང་ནང་གི་ཆ་ཤས་ཀྱིས།།

17.2 དེ་ཡང་དྲག་ཞན་གཉིས་སུ་དབྱེ།།

17.3 མ་ནིང་གསུམ་དུ་གང་གཏོགས་པ།།

17.4 དྲག་དང་སྦྲད་ན་དྲག་པར་འགྱུར།།

18.1 ཞན་དང་སྦྲད་ན་ཞན་པར་འགྱུར།།

18.2 གཉིས་ཀ་དག་དང་སྦྲད་གྱུར་ན།།

18.3 དེ་ནི་གཉིས་ཀ་ཅན་དུ་འགྱུར།།

18.4 གཉིས་ཀ་དག་དང་མ་ཕྲད་ན།།

19.1 གང་དུ་ཡང་ནི་མི་འགྱུར་རོ།།

19.2 དེས་ན་འགྱུར་དང་མཚན་གཉིས་དང་།།

19.3 མཚན་མེད་དག་དང་གསུམ་དུ་འདོད།།

19.4 དེ་ནི་སྒྲ་ཡི་འཇུག་ཚུལ་ལོ།།

20.1 དོན་ནི་རྣམ་པ་གཉིས་ཡིན་ཏེ།།

20.2 སྔ་མ་གང་ལྟར་གྱུར་པ་དང་།།

20.3 ཕྱི་མ་གང་ལྟར་འགྱུར་བ་འོ།།

20.4 སྔ་མ་སྔོན་འཇུག་ལྟ་བཞིན་སྦྱར།།

21.1 ཕྱི་མ་དག་གི་འདྲེན་ཚུལ་ནི།།

21.2 ཕོ་ཡིས་ཕོ་ཡི་མིང་མཐའ་དྲང་།།

21.3 མོ་ཡིས་མོ་ཡི་མིང་མཐའ་དྲང་།།

21.4 མ་ནིང་གིས་ནི་མ་ནིང་ངོ་།།

22.1 མིང་མཐའ་དེ་དག་ཉིད་ཀྱིས་ནི།།

22.2 དེ་ཉིད་རང་གི་སྒྲ་མཐུན་པའི།།

22.3 ཆོས་དངོས་ལས་དང་བྱེད་པ་དང་།།

22.4 སྦྱིན་དང་འབྱུང་ཁུངས་འབྲེལ་བ་དང་།།

23.1 གནས་དང་བོད་པའི་སྒྲ་ཡང་དྲང་།།

23.2 གཞན་ཡང་སླར་བསྡུ་ལྷག་བཅས་དང་།།
23.3 འབྱེད་སྡུད་བསྣན་དང་བདག་པོ་དང་།།
23.4 དགག་སྒྲུབ་རྒྱན་དང་དུས་ལའང་འཇུག།
24.1 དེ་དག་སྒྲ་ཤུགས་འདྲེན་པས་འབྱུང་།།
24.2 དེ་དག་ནང་གསེས་གང་འཇུག་པ།།
24.3 མཐའ་སྦྱོར་འོག་མའི་མིང་དོན་ལས།།
24.4 སྦྱོར་འཇུག་ཡོད་དམ་བྱེད་པ་ཡོད།།
25.1 དེ་བཞིན་ཆེད་བྱེད་རྟེན་བྱེད་དང་།།
25.2 ལས་བྱ་གླང་བྱ་བསྒྲུབ་པར་བྱ།།
25.3 སྔོན་དུ་འོས་པ་གནས་པའམ།།
25.4 གཞན་ཡང་ཚིག་དོན་འོག་མ་ལས།།
26.1 བསྡུ་རྒྱུ་ཡོད་དམ་མེད་པ་དང་།།
26.2 གོང་མ་ལས་ཀྱང་དེ་བཞིན་ཏེ།།
26.3 རྣམ་གྲངས་དག་ཀྱང་བཀོད་པ་ལས།།
26.4 བསྐྱར་བ་ཡོད་དམ་མེད་པ་དང་།།
27.1 ཕོ་སྒྲ་དང་ནི་མོ་སྒྲ་དག།
27.2 མིང་གི་མཐའ་ན་ཡོད་མེད་དང་།།
27.3 རྒྱན་དུ་གྱུར་པ་རྣམས་ལ་ཡང་།།
27.4 དོན་ལ་བསླེགས་པ་ཡོད་མེད་དང་།།

28.1 བསྟན་བྱ་ལྷག་མ་ཡོད་མེད་དང་།།

28.2 ཚིག་དོན་རྫོགས་དང་མ་རྫོགས་ཀྱིས།།

28.3 དེ་དག་ནང་གསེས་རྣམ་པར་དབྱེ།།

28.4 ཅི་ཕྱིར་འཇུག་པར་བྱེད་ཅེ་ན།།

29.1 ཡི་གེའི་ཚོགས་ནས་མིང་དབྱུང་སྟེ།།

29.2 མིང་གི་ཚོགས་ནས་ཚིག་ཕྱུང་ནས།།

29.3 ཚིག་གིས་དོན་རྣམས་སྟོན་པར་བྱེད།།

29.4 སོ་ཡི་ཡི་གེ་མེད་པ་ན།།

30.1 ཕོ་ཡིག་བརྗོད་པ་མེད་པར་འགྱུར།།

30.2 ཕོ་ཡིག་དེ་དག་རྣམས་ལ་ཡང་།།

30.3 འཇུག་པར་བཅས་པ་མེད་ན་ནི།།

30.4 མིང་དང་ཚིག་ཀྱང་གསལ་མི་ནུས།།

31.1 མིང་ཚིག་གསལ་བ་མེད་ན་ནི།།

31.2 དོན་རྣམས་བརྗོད་པར་མི་འགྱུར་རོ།།

31.3 དེ་ལྟར་གྱུར་ན་འཇིག་རྟེན་དུ།།

31.4 དོན་མཚོན་བརྗོད་པ་ཀུན་ཀྱང་མེད།།

32.1 རིག་བྱེད་སྨྲ་བའང་ཡོད་མི་འགྱུར།།

32.2 ཉན་ཐོས་རང་རྒྱལ་སངས་རྒྱས་ཀྱི།།

32.3 བསླབ་པ་རྣམས་ཀྱང་མེད་པར་འགྱུར།།

32.4 ཇི་ལྟར་འཇིག་རྟེན་སེམས་ཅན་རྣམས།།

33.1 ཕུང་པོ་ཁམས་དང་སྐྱེ་མཆེད་དང་།།

33.2 གྲུབ་མཐའ་གཞན་ཡང་ཡོད་ན་ཡང་།།

33.3 རང་ཉིད་ཀྱིས་ནི་མི་ཤེས་བཞིན།།

33.4 དེ་བཞིན་ཡི་གེའི་འཇུག་ཚུལ་རྣམས།།

34.1 སྒྲ་བ་ཀུན་ལ་གནས་གྱུར་ཀྱང་།།

34.2 རང་ཚུལ་དེ་ཉིད་མི་ཤེས་པས།།

34.3 དོན་ལ་སྦྱོར་བ་ག་ལ་ཤེས།།

34.4 དེ་ཕྱིར་སྒྲ་བའི་དབང་ཕྱུག་གི།

35.1 རྗེས་སྒྲས་འདི་ཀུན་རྟོགས་གྱུར་ཅིག།

35.2 བྱཱ་ཀ་ར་ཎའི་རྩ་བ་བརྒྱད་པ་ལས་ཀུན་ཏུ་བཟང་པོའི་བྱཱ་ཀ་ར་ཎ་
གཉིས་པའི་སྐབས་ཏེ་དྲུག་པའོ།།།།

༄༅།།ལུང་སྟོན་པ་རྟགས་ཀྱི་འཇུག་པ་ཞེས་བྱ་བ།

字性组织法（声明记论）

lung・ston・pa・rtags・kyi・vjug・pa・zhes・bya・ba

༄༅།།ལུང་སྟོན་པ་//རྟགས་//ཀྱི་//འཇུག་པ་//ཞེས་བྱ་བ

声明记论//记号（性）//的//放置//则为

卷首语

1. ༄༅།།རྒྱ་གར་སྐད་དུ།

   梵语称，

   rgya · gar · skad · du

   ༄༅།།རྒྱ་གར་སྐད་//དུ

   梵文语//虚词

2. བྱྭ་ཀ་ར་ཎ་ལིངྒ་པ་ཏྭ་ར་/ནྭ་མ།

   贝伽拉纳楞伽阿哇搭拉纳嘛（字性组织法）。

   byva · ka · ra · ṇa · lingg · pa · tva · ra · nva · ma

   བྱྭ་ཀ་ར་ཎ་//ལིངྒ་//པ་ཏྭ་ར་//ནྭ་མ

   声明记论//字性//添加//则为

3. བོད་སྐད་དུ།

   藏语称：

   bod · skad · du

   བོད་སྐད་//དུ

   藏语//虚词

4. ལུང་སྟོན་པ་རྟགས་ཀྱི་འཇུག་པ་ཞེས་བྱ་བ།

   字性组织法。

lung · ston · pa · rtags · kyi · vjug · pa · zhes · bya · ba

ལུང་སྟོན་པ་//རྟགས་//ཀྱི་//འཇུག་པ་//ཞེས་བྱ་བ

文法规律//记号（性）//属格（的）//放置//则为

5. བྱཱ་ཀ་ར་ཎའི་དབང་ཕྱུག་ལ་ཕྱག་འཚལ་ལོ།།[1]

向文殊菩萨敬礼。

byva · ka · ra · na · vi · dbang · phyug · la · phyag · vtshal · lo

བྱཱ་ཀ་ར་ཎ་//འི་//དབང་ཕྱུག་//ལ་//ཕྱག་འཚལ་//ལོ

声明//（的）//大自在天//（于）//礼赞，敬礼/（语终词）

6. སྨྲ་བའི་སྐྱེས་མཆོག[2]་སྨྲ་བའི་རྒྱལ[3]།།

向语言的圣人、语言的王、

smra · bavi · skyes · mchog · smra · bavi · rgyal

སྨྲ་བ//འི་//སྐྱེས་མཆོག་//སྨྲ་བ//འི་//རྒྱལ

语言//（的）//圣人//语言//（的）//王

7. ཐམས་ཅད་མཁྱེན[4]་ལ་ཕྱག་འཚལ་ལོ།།

遍知者释迦牟尼敬礼。

---

① 这句有些版本没有，有些版本内容有所差异，但都是向语法语言大师声明自在神文殊菩萨礼赞的意思。

② སྨྲ་བའི་སྐྱེས་མཆོག：是语言中的上上者，形容语言最好的人。

③ སྨྲ་བའི་རྒྱལ：是语言中的王，形容语言最好的人。

④ ཐམས་ཅད་མཁྱེན།：是一切智者的意思，指释迦牟尼佛。

thams · cad · mkhyen · la · phyag · vtshal · lo

ཐམས་ཅད་//མཁྱེན་//ལ་//ཕྱག་འཚལ་//ལོ

一切//知道、了解//（于）//礼赞，敬礼//（语终词）

第 1 句至第 7 句的意思是：在梵语中，称为：“贝伽拉纳楞伽阿哇搭拉纳嘛”，在藏语中，称为：“字性组织法”。向文殊菩萨敬礼，向语言的圣人、语言的王、遍知者释迦牟尼敬礼。

第 1 句至第 4 句为题解，讲述《字性组织法》在藏文和梵文中如何表达。第 5 句礼赞文殊菩萨。第 6 句和第 7 两句颂文是礼赞释迦佛，称他为“语言圣人、语言之王和遍知者”。

第一颂

1.1　ཕོ་ཡི་ཡི་གེ་འབའ་ཞིག་ལ།།

（藏文三十个）字母整体上为阳性。

pho · yi · yi · ge · vbav · zhig · la

ཕོ་//ཡི་//ཡི་གེ་//འབའ་ཞིག་//ལ

男性，阳性//（的）//字母//仅仅，唯//（于）

1.2　སྡེ་བ་ཕྱེད་དང་བརྒྱད①་གནས་པའང་།།

八组差半组。

① ཕྱེད་དང་བརྒྱད།：差半为八的意思，即七组半。

sde・ba・phyed・dang・brgyad・gnas・pavang

སྡེ་བ་//ཕྱེད་//དང་//བརྒྱད་//གནས་པ་//འང

组//一半//和//八//有//也

1.3 སྡེ་ཚན་ལྔ་རུ་དྲིལ་བྱས་ནས།།

（三十个字母）分作五类。

sde・tshan・lnga・ru・dril・byas・nas

སྡེ་ཚན་//ལྔ་//རུ་//དྲིལ་བྱས་//ནས

类别//五//（于）//已作//（由）

1.4 ཡི་གེ་སུམ་ཅུ་ཐམ་པ་ལ།།

三十个字母，

yi・ge・sum・cu・tham・pa・la

ཡི་གེ་//སུམ་ཅུ་//ཐམ་པ་//ལ

字母//三十//整//（于）

第二颂

2.1 ཕོ་མོ་མ་ནིང་གསུམ་དུ་དབྱེ།།

分为阳性字、阴性字和中性字三类。

pho・mo・ma・ning・gsum・du・dbye

ཕོ་//མོ་//མ་ནིང་//གསུམ་//དུ་//དབྱེ

阳性字//阴性字//中性字//三//（于）//分开

第 1.1 句至第 2.1 句的意思是：三十个辅音字母，总的方面，都是阳性，分为七组半。三十个阳性辅音字母，若再细分，又可分为五类。三十个辅音字母分为阳性字、阴性字和中性字三类。

本部分讲述辅音字母的分性，虽然颂文中没明说元音是阴性，但言外之意是四个元音符号“ཨི་ཨོ་ཨེ་ཨུ”和无符号的“ཨ（a）”都是阴性。元音发音低而沉，变化少，所以称为母音，母为阴。辅音发音高而尖，所以为父音，父为阳。藏文传统文法是根据发音方法上气息的强弱来对字母分性，往往略分之后又进行细分。三十个辅音字母都是阳性，细分五类，粗分三类。

2.2 ཕོ་དང་མ་ནིང་མོ་དང་ནི།།

（又可分为）阳性字、中性字和阴性字及

pho · dang · ma · ning · mo · dang · ni

ཕོ་//དང་//མ་ནིང་//མོ་//དང་//ནི

阳性字//和//中性字//阴性字//和//虚词

2.3 ཤིན་ཏུ་མོ་དང་བཞི་བཞི་རུ།།

极阴性字四类，每类四个字母。

shin · tu · mo · dang · bzhi · bzhi · ru

ཤིན་ཏུ་མོ་//དང་//བཞི་//བཞི་//རུ

极阴性字//和//四个//四个//虚词

2.4 སྡེ་བ་བཞི་པ་ཡན་ཆད་དབྱེ།

（除了）以上四组，

sde · ba · bzhi · pa · yan · chad · dbye

སྡེ་བ་//བཞི་པ་//ཡན་ཆད་//དབྱེ

组//四//以上//分类

第三颂

3.1 ལྷག་མ་བཅུ་བཞི་གནས་པ་ལ།

剩余十四个（字母）。

lhag · ma · bcu · bzhi · gnas · pa · la

ལྷག་མ་//བཅུ་བཞི་//གནས་པ་//ལ

剩余//十四//有，存在//（于）

3.2 ཙ་སོགས་གསུམ་ནི་ཅ་སོགས་སྦྱར།

[ཙ]等三个与[ཅ]等三个字性相对应，

tsa · sogs · gsum · ni · ca · sogs · sbyar

ཙ་//སོགས་//གསུམ་//ནི་//ཅ་//སོགས་//སྦྱར

[ཙ]//等//三//是//[ཅ]//等//配合

3.3 ཕ་ནི་བ་དང་སྦྱར་བར་བྱ།

[ཝ]与[བ]相对应，

wa · ni · ba · dang · sbyar · bar · bya

ཝ་//ནི་//བ་//དང་//སྦྱར་བ//ར་//བྱ

[ཝ]//是//[བ] //和//配合//虚词//虚词

3.4 ལྷག་མ་དྲུག་ནི་མོ་རུ་སྦྱར།།

剩下的六个字母为阴性字。

lhag · ma · drug · ni · mo · ru · sbyar

ལྷག་མ་//དྲུག་//ནི་//མོ་//རུ་//སྦྱར

剩余//六个//虚词//阴性字//（于）//配合

第四颂

4.1 ར་ལ་ཧ་ནི་མོ་གཤམ་སྟེ།།

[ར][ལ][ཧ] 三个字母是石阴性。

ra · la · ha · ni · mo · gsham · ste

ར་//ལ་//ཧ་//ནི་//མོ་གཤམ་//སྟེ

[ར] //[ལ]//[ཧ]//是//石阴性//虚词

4.2 ཨ་ནི་མཚན་མེད①་ཅེས་ཀྱང་བྱ།།

“ཨ” 是无性字。

① མཚན་མེད：无性，也翻译做无相。

a · ni · mtshan · med · ces · kyang · bya

ཨ་//ནི་//མཚན་མེད་//ཅེས་//ཀྱང་//བྱ

[ཨ]//是//无性，无相//称为，谓//也//虚词

第 2.2 句至第 4.2 句的意思是：前十六个字母可以分为四类：阳性、阴性、中性和极阴性；每类四个字母。除了上述讲过的四组字母，剩余十四个字母，“ཙ”组（ཙ、ཚ、ཛ）与“ཅ”组（ཅ、ཆ、ཇ）对应。“ཝ”与“བ”相对应为阴性。剩下的六个字母“ཞ་ཟ་འ་ཡ་ཤ་ས”为阴性字，“ར་ལ་ཧ”三个字母是石阴性，“ཨ”是无性字。

“ཙ”组与“ཅ”组字性对应，即“ཙ”与“ཅ”相对应为阳性，“ཚ”与“ཆ”相对应为中性，“ཛ”与“ཇ”相对应为阴性。

字性的五类为：阳性、中性、阴性、极阴性、石阴性，无性不在五类的分类中。藏文三十个字母的字性见表 3。

表 3　　藏文三十辅音字母字性表

字母	字性	字母	字性	字母	字性	字母	字性
ཀ(k)	阳性	ཁ(kh)	中性	ག(g)	阴性	ང(ng)	极阴性
ཅ(c)	阳性	ཆ(ch)	中性	ཇ(j)	阴性	ཉ(ny)	极阴性
ཏ(t)	阳性	ཐ(th)	中性	ད(d)	阴性	ན(n)	极阴性
པ(p)	阳性	ཕ(ph)	中性	བ(b)	阴性	མ(m)	极阴性
ཙ(ts)	阳性	ཚ(tsh)	中性	ཛ(dz)	阴性	ཝ(w)	阴性
ཞ(zh)	阴性	ཟ(z)	阴性	འ(v)	阴性	ཡ(y)	阴性

续表

字母	字性	字母	字性	字母	字性	字母	字性
ར(r)	石阴性	ལ(l)	石阴性	ཤ(sh)	阴性	ས(s)	阴性
ཧ(h)	石阴性	ཨ(-)	无性				

阳性字属强势音，中性字属强弱中和的音，阴性字属弱势音。不送气清音发音最强为阳性，送气清音其次为中性，浊音低沉为阴性，鼻音更低为极阴性。

根据现代语言学的发音部位和发音方法对藏文三十个辅音字母描写，见表4。

表4　　藏文辅音发音部位和发音方法表

部位 方法			双唇	舌尖前	舌尖中	舌尖后	舌面前	舌面中	舌根	喉
塞音	清	不送	པ(p)		ཏ(t)				ཀ(k)	
		送气	ཕ(ph)		ཐ(th)				ཁ(kh)	
	浊	不送	བ(b)		ད(d)				ག(g)	
塞擦	清	不送		ཙ(ts)			ཅ(c)			
		送气		ཚ(tsh)			ཆ(ch)			
	浊			ཛ(dz)			ཇ(j)			
擦音	清	不送		ས(s)			ཤ(sh)			ཧ(h)
	浊			ཟ(z)			ཞ(zh)			འ(v)
鼻音	浊	不送	མ(m)		ན(n)		ཉ(ny)		ང(ng)	
边音					ལ(l)					
半元音	浊	不送	ཝ(w)			ར(r)	ཡ(y)			ཨ(-)

4.3 མོ་ཡི་ཡི་གེའི་ནང་ནས་ནི།།

阴性字母中。

mo · yi · yi · ge vi · nang · nas · ni

མོ་//ཡི་//ཡི་གེ//འི་//ནང་//ནས་//ནི

阴性字//的//字母//（的）//内部//（从）//虚词

4.4 འཇུག་པའི་ཡི་གེ་བཅུ་དབྱུང་བྱ།།

抽出十个作为后加字。

vjug · pavi · yi · ge · bcu · dbyung · bya

འཇུག་པ//འི་//ཡི་གེ་//བཅུ་//དབྱུང་//བྱ

添置，加//的//字母//十//抽出//虚词

第 4.3 句和第 4.4 句的意思是：从阴性字母中，抽出十个作为后加字。

这所说的阴性是指辅音字母三分法的阴性，相当于包括五分法中的阴性、极阴性和石阴性。在五分法中，十个后加字中阴性字有五个“ག”“ད”“བ”“འ”“ས”；极阴性字有三个“ང”“ན”“མ”；石阴性字有两个“ར”“ལ”。

第五颂

5.1 འཇུག་པ་བཅུ་ཡི་ནང་ནས་ནི།།

十个后加字中

vjug · pa · bcu · yi · nang · nas · ni

འཇུག་པ་//བཅུ་//ཡི་//ནང་//ནས་//ནི

添置，加//十个//（的）//里面，中//（从）//虚词

5.2 སྔོན་འཇུག་ཡི་གེ་ལྔ་དབྱུང་བྱ།།

抽出五个可作前加字

sngon · vjug · yi · ge · lnga · dbyung · bya

སྔོན་འཇུག་//ཡི་གེ་//ལྔ་//དབྱུང་//བྱ

前加字//字母//五个//抽出//虚词

5.3 སྔོན་འཇུག་ཡི་གེ་ལྔ་བོ་ལ།།

五个前加字母

sngon · vjug · yi · ge · lnga · bo · la

སྔོན་འཇུག་//ཡི་གེ་//ལྔ་བོ་//ལ

前加字//字母//五个//（于）

5.4 ཕོ་དང་མ་ནིང་མོ་དང་ནི།།

分为阳性、中性、阴性和

pho · dang · ma · ning · mo · dang · ni

ཕོ་//དང་//མ་ནིང་//མོ་//དང་//ནི

阳性字//和//中性字//阴性字//和//虚词

第六颂

6.1 ཤིན་ཏུ་མོ་དང་བཞི་རུ་དབྱེ།།

极阴性四种

shin · tu · mo · dang · bzhi · ru · dbye

ཤིན་ཏུ་མོ་///དང་//བཞི་//རུ་//དབྱེ

极阴性字//和//四//虚词//分类

第 5.1 句和第 6.1 句的意思是：在十个字母后加字中，又有五个字母兼用作前加字。五个前加字内部又分四种性：阳性、中性、阴性和极阴性。

虽然第五颂的内容在三十颂中已经说过，但这里是从字性方面说的。颂文里没有明确的说明五个前加字“ག་ད་བ་མ་འ”的字性，但后文中讲述了不同字性的前加与基字的搭配关系，所以，要明确这五个前加字的字性。前加字加在基字前，要和基字拼合，前加字起的作用不一样，对基字的影响也不一样。根据现在的藏语的语法和颂文的描述以及《实用藏文文法》的描述，“བ”为阳性字，“ག”和“ད”为中性字，“འ”为阴性字，“མ”为极阴性字。

6.2 དེ་དག་རེ་རེའང་བཞི་བྱེད་དེ།།

前加字有四种加法，即

de · dag · re · revang · bzhi · byed · de

དེ་དག//རེ་རེ//འང་//བཞི//བྱེད་//དེ

这些，彼等//个个，每每//（又）//四//作//虚词

6.3 གང་ལ་འཇུག་བྱེད་གང་གིས་འཇུག①།།

加在哪里？由谁来加？

gang · la · vjug · byed · gang · gis · vjug

གང་//ལ་//འཇུག་//བྱེད་//གང་//གིས་//འཇུག

哪里//（于）//添置，作转//做//哪里//（以）//添置，作转

6.4 ཇི་ལྟར་འཇུག་བྱེད་ཅི་ཕྱིར་འཇུག།།

如何去加？为啥去加？

ji · ltar · vjug · byed · ci · phyir · byed

ཇི་ལྟར་//འཇུག་//བྱེད་//ཅི་ཕྱིར་//འཇུག

如何//添置，作转//做//为何，怎样//添置，作转

第 6.2 句至第 6.4 句的意思是：前加字的加法又分为四种：①加在哪里；②由谁来加；③怎样去加；④为啥要加？

加在哪里是说加在哪个基字上，由谁来加是指由哪个前加字来

① འཇུག：有版本写作བྱེད。

加，怎样去加是指加的配合关系和法则，为啥要加是指前加字的功能意义。

第七颂

7.1 གང་ལ་འཇུག་པར་བྱེད་ཅེ་ན།།

前加字加在哪里？

gang · la · vjug · par · byed · ce · na

གང་//ལ་//འཇུག་པ//ར་//བྱེད་//ཅེ་ན

哪里//（于）//添置，加//虚词//虚词//要是说

7.2 ཕོ་ནི་ཕོ་དང་མོ་ལ་འཇུག།

阳性（前加字）可加在阳性和阴性基字前，

pho · ni · pho · dang · mo · la · vjug

ཕོ་//ནི་//ཕོ་//དང་//མོ་//ལ་//འཇུག

阳性字//是//阳性字//和//阴性字//（于）//添置，加

7.3 མོ་ནི་མོ་དང་མ་ནིང་ལ།།

阴性（前加字）加在阴性和中性基字前，

mo · ni · mo · dang · ma · ning · la

མོ་//ནི་//མོ་//དང་//མ་ནིང་//ལ

阴性字//是//阴性字//和//中性字//（于）

7.4 མ་ནིང་ཡང་ནི་ཕོ་མོ་ལའོ།།

中性（前加字）加在阳性和阴性基字前，

ma · ning · yang · ni · pho · mo · lavo

མ་ནིང་//ཡང་//ནི་//ཕོ་//མོ་//ལ//འོ

中性字//也//是//阳性字//阴性字//（于）//（语终词）

第八颂

8.1 ཤིན་ཏུ་མོ་ནི་མ་ནིང་དང༌།།

极阴性（前加字）加在中性、

shin · tu · mo · ni · ma · ning · dang

ཤིན་ཏུ་མོ་//ནི་//མ་ནིང་//དང

极阴性字//是//中性字//和

8.2 མོ་དང་ཤིན་ཏུ་མོ་ཉིད་ལའོ།།

阴性和极阴性基字前

mo · dang · shin · tu · mo · nyid · lavo

མོ་//དང་//ཤིན་ཏུ་མོ་//ཉིད་//ལ//འོ

阴性字//和//极阴性字//仅此，唯//（于）//（语终词）

8.3 མི་འཇུག་པ་ནི་འདི་ལྟ་སྟེ།།

不能加的情况，

mi · vjug · pa · ni · vdi · lta · ste

མི་//འཇུག་པ་//ནི་//འདི་ལྟ་སྟེ

不//放置//是//是这样的

8.4 ཕོ་ནི་མ་ནིང་ལ་མི་འཇུག།

阳性（前加字）不加在中性基字前，

pho · ni · ma · ning · la · mi · vjug

ཕོ་//ནི་//མ་ནིང་//ལ་//མི་//འཇུག

阳性字//是//中性字//（于）//不//添置，加

第九颂

9.1 མོ་ནི་ཕོ་ལ་འཇུག་པ་མིན།།

阴性（前加字）不加在阳性基字前，

mo · ni · pho · la · vjug · pa · min

མོ་//ནི་//ཕོ་//ལ་//འཇུག་པ་//མིན

阴性字//是//阳性字//（于）//添置，加//不，不是

9.2 མ་ནིང་རང་ལ་རང་མི་འཇུག།

中性（前加字）不加在中性基字前，

ma · ning · rang · la · rang · mi · vjug

མ་ནིང་//རང་//ལ་//རང་//མི་//འཇུག

中性字//自己//（于）//自己//不//添置，加

9.3 རང་གི་སྡེ་དང་འཕྲད་པ་ན།།

如果前加字和同组基字相遇，

rang · gi · sde · dang · vphrad · pa · na

རང་//གི་//སྡེ་//དང་//འཕྲད་པ་//ན

自己//（的）//分组//和//碰到，遇//（如果，若）

9.4 ཕོ་ཡང་མོ་ལ་འཇུག་མི་འགྱུར།།

阳性前加字不能加在同组的阴性基字前，

pho · yang · mo · la · vjug · mi · vgyur

ཕོ་//ཡང་//མོ་//ལ་//འཇུག་//མི་//འགྱུར

阳性字//（也）//阴性字//（于）//添置，加//不//成为

第十颂

10.1 མ་ནིང་མོ་ཡང་དེ་བཞིན་ནོ།།

中性字和阴性字同上，

ma · ning · mo · yang · de · bzhin · no

མ་ནིང་//མོ་//ཡང་//དེ་བཞིན་//ནོ

中性字//阴性字//（也）//如是，如此//（语终词）

第 7.1 句至第 10.1 句的意思是：前加字加在哪里？阳性前加字

可加在阳性和阴性基字上；阴性前加字加在阴性和中性基字前；中性前加字加在阳性和阴性基字前；极阴性前加字加在中性、阴性和极阴性基字前。五个前加字，不加在哪些基字前。阳性前加字不加在中性基字前。阴性前加字不加在阳性基字前。中性前加字不加在中性基字前。如果前加字和同组基字相配，阳性前加字不能加在同组的阴性基字前。中性两个前加字不能加在同组阴性基字前，阴性前加字同样也不能加在同组阴性基字前。

10.2 ཇི་ལྟར་འཇུག་པར་བྱེད་ཅེ་ན།།

（前加字）如何（和基字）组合

ji · ltar · vjug · par · byed · ce · na

ཇི་ལྟར་//འཇུག་པ//ར་//བྱེད་//ཅེ་ན

如何//添置，加//虚词//作//要是说，则为

10.3 ཕོ་ནི་དྲག་པའི་ཚུལ་གྱིས་ཏེ།།

阳性字发音强，

pho · ni · dag · pavi · tshul · gyis · te

ཕོ་//ནི་//དྲག་པ//འི་//ཚུལ་//གྱིས་//ཏེ

阳性字//者//强烈，猛烈//（的）//方法，形式//以//虚词

10.4 མ་ནིང་རན་པར་འཇུག་པ་ཡིན།།

中性字发音适中，

ma · ning · ran · par · vjug · pa · yin

མ་ནིང་//རན་པ//ར་//འཇུག་པ་//ཡིན

中性字//平缓，适中//（于）//添置，加//是

第十一颂

11.1 མོ་ནི་ཞན་པའི་ཚུལ་གྱིས་ཏེ།།

阴性字发音弱，

mo · ni · zhan · pavi · tshul · gyis · te

མོ་//ནི་//ཞན་པ//འི་//ཚུལ་//གྱིས་//ཏེ

阴性字//是//弱//（的）//方法，形式//以//虚词

11.2 ཤིན་ཏུ་མོ་ནི་མཉམ་པས①་སོ།།

极阴性字发音微弱，

shin · tu · mo · ni · mnyam · pas · so

ཤིན་ཏུ་མོ་//ནི་//མཉམ་པ//ས་//སོ

极阴性字//是//微弱//（以）//（语终词）

第 10.2 句至第 11.2 句的意思是：前加字以何种方式和基字组合。阳性前加字“བ”和基字组合，发音强；中性前加字“ག”“ད”和基字组合，发音适中、均衡；阴性前加字“འ”和基字组合发音

① མཉམ་པ། 本意为合适的，这里指微弱。

弱；极阴性前加字“མ”与基字组合发音比阴性前加字更微弱。

11.3 ཅི་ཕྱིར་འཇུག་པར་བྱེད་ཅེ་ན།།

为何要这样加？

ci · phyir · vjug · par · byed · ce · na

ཅི་ཕྱིར་//འཇུག་པ//ར་//བྱེད་//ཅེ་ན

为什么//添置，加//虚词//作//要是说，则为

11.4 ཕོ་ནི་འདས་དང་གཞན་བསྒྲུབ་ཕྱིར།།

阳性（前加字）表过去和他动

pho · ni · vdas · dang · gzhan · bsgrub · phyir

ཕོ་//ནི་//འདས་//དང་//གཞན་བསྒྲུབ་//ཕྱིར

阳性字//是//过去//和//他动//原因，缘由

第十二颂

12.1 མ་ནིང་གཉིས་ཀ་ད་ལྟར་ཆེད།།

两个中性（前加字）表现在，兼表“自”“他”两种功能。

ma · ning · gnyis · ka · da · ltar · ched

མ་ནིང་//གཉིས་ཀ་//ད་ལྟར་//ཆེད

中性字//两个//现在//为了

12.2 མོ་ནི་བདག་ད་མ་འོངས་ཕྱིར།།

阴性字表示主动、现在时和未来时。

mo · ni · bdag · da · ma · vongs · phyir

མོ་//ནི་//བདག་//ད་//མ་འོངས་//ཕྱིར

阴性字//是//主动，自//现在//未来，将来//原因

12.3 ཤིན་ཏུ་མོ་ནི་མཉམ་ཕྱིར་རོ།།

shin · tu · mo · ni · mnyam · phyir · ro

极阴性表示一切（形态和时态）。

ཤིན་ཏུ་མོ་//ནི་//མཉམ་//ཕྱིར་//རོ

极阴性字//是//平等，一样//原因//（语终词）

第 11.3 句至第 12.3 句的意思是：从语法意义上来看，为何加前加字。阳性前加字“བ”在动作时间上表过去时，在动作语态上表“他”。两个中性字前加字“ག”或“ད”在动作时间上表现在时，在动作语态上兼表“自”“他”。阴性前加字“འ”在动作时间上表现在时和未来时，在动作语态上表“自”。极阴性前加字“མ”表示一切形态和时态。

藏语书面语动词具有比较丰富的形态变化，这些变化主要表示动词的时式范畴和自动与他动，自动表示主动态，他动表被动态。动词的“时态”指现在时、未来时和过去时，动词的“式”指命令式。前加字语法功能见表 5。

表 5　　前加字字性功能表

字性	前加字	[自]	[他]	现在	过去	未来
阳性	བ		√		√	
中性	ག	√	√	√		
	ད	√	√	√		
阴性	འ	√		√		√
极阴性	མ	√	√	√	√	√

12.4 རྗེས་འཇུག་ཡི་གེ་བཅུ་པོ་ལ།།

十个后加字，

rjes · vjug · yi · ge · bcu · po · la

རྗེས་འཇུག//ཡི་གེ//བཅུ་པོ་//ལ

后加//字母//十//（于）

第十三颂

下面开始讲解后加字的分性。

13.1 ཕོ་མོ་མ་ནིང་གསུམ་དུ་དབྱེ།།

（分为）阳性、阴性和中性三种，

pho · mo · ma · ning · gsum · du · dbye

ཕོ་//མོ་//མ་ནིང་//གསུམ་//དུ་//དབྱེ

阳性字//阴性字//中性字//三//（于）//分为

13.2 ཕོ་ལ་སྐྱེས་བུ་རབ་འབྲིང་གསུམ།།

阳性字又分上、中、（下）三种，

pho · la · skyes · bu · rab · vbring · gsum

ཕོ་//ལ་//སྐྱེས་བུ་//རབ་//འབྲིང་//གསུམ

阳性字//（于）//男子，男士//上//中//三

13.3 མོ་ལ་མོ་དང་ཤིན་ཏུ་མོ།།

阴性字为准阴性和极阴性，

mo · la · mo · dang · shin · tu · mo

མོ་//ལ་//མོ་//དང་//ཤིན་ཏུ་མོ

阴性字//（于）//女//和//极阴性字

13.4 མ་ནིང་འགྱུར་དང་མཚན་གཉིས་དང་།།

中性又可分为变化中性、两相中性和

ma · ning · vgyur · dang · mtshan · gnyis · dang

མ་ནིང་//འགྱུར་//དང་//མཚན་//གཉིས་//དང

中性字//变化//和//相，形状//二//和

第十四颂

14.1 མཚན་མེད་དག་དང་གསུམ་དུ་འདོད།།

无相中性三种。

mtshan · med · dag · dang · gsum · du · vdod

མཚན་མེད་//དག་//དང་//གསུམ་//དུ་//འདོད

无性，无相//诸，些//和//三//（于）//认为

第 12.4 句至第 14.1 句的意思是：十个后加字分为阳性、阴性和中性三种。如果再细分，阳性字又分上阳性、中阳性、下阳性三种，阴性字为准阴性和极阴性，中性又可分为变化中性、两相中性和无相中性三种。

这部分整体说后加字字性分类，如图 2 所示。

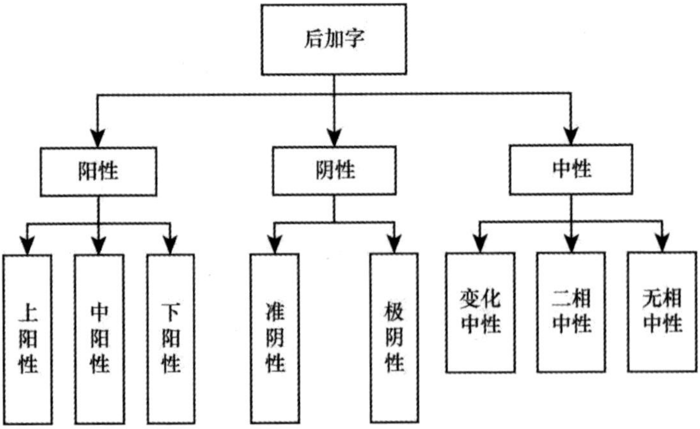

图 2　后加字字性分类图

14.2 དེ་ཡང་བྱེད་པ་བཞི་བྱེད་དེ།།

后加字也有四种加法，

de · yang · byed · pa · bzhi · byed · de

དེ་//ཡང་//བྱེད་པ་//བཞི་//བྱེད་//དེ

那，彼//再，又//从事，作用//四//作//虚词

14.3 གང་ལ་འཇུག་བྱེད་གང་གིས་བྱེད།།

加在哪里？由谁来加？

gang · la · vjug · byed · gang · gis · byed

གང་//ལ་//འཇུག་//བྱེད་//གང་//གིས་//བྱེད

何//（于）//添置，加//做//何//以//作

14.4 ཇི་ལྟར་འཇུག་བྱེད་ཅི་ཕྱིར་བྱེད།།

怎样去加？为啥要加？

ji · ltar · vjug · byed · ci · phyir · byed

ཇི་ལྟར་//འཇུག་//བྱེད་//ཅི་ཕྱིར་//བྱེད

如何//添置，加//做//为何，怎样//加

第 14.2 句至第 14.4 句的意思是：后加字也和前加字一样，分四种加法。加在哪里?由谁来加?怎样去加?为啥要加?

第十五颂

15.1 གང་ལ་ཡི་གེ་ཐམས་ཅད་ལ།།

后加字可加在一切基字后，

gang · la · yi · ge · thams · cad · la

གང་//ལ་//ཡི་གེ་//ཐམས་ཅད་//ལ

任何//（于）//字母//全部，一切//（于）

15.2 གང་གིས་བཅུ་པོ་དེ་དག་གིས།།

后加字有十个，

gang · gis · bcu · po · de · dag · gis

གང་//གིས་//བཅུ་པོ་//དེ་དག་//གིས

任何//（以）//十//这些//（以）

15.3 ཇི་ལྟར་རྣམ་པ་གཉིས་ཡིན་ཏེ།།

（后加字）两种添加形式，

ji · ltar · rnam · pa · gnyis · yin · te

ཇི་ལྟར་//རྣམ་པ་//གཉིས་//ཡིན་//ཏེ

如何//形式，种类//两个//是//虚词

15.4 སྒྲ་ཡི་འཇུག་ཚུལ་དོན་གྱི་ཚུལ།།

声加法和义加法。

sgra · yi · vjug · tshul · don · gyi · tshul

སྒྲ་//ཡི་//འཇུག་//ཚུལ་//དོན་//གྱི་//ཚུལ

声//（的）//添置，加//形式，方法//义//（的）//形式，方法

第 15.1 句至第 15.4 句的意思是：十个后加字可加在一切基字后，后加字有声加法和义加法两种添加法。

三十个基字后都可以有后加字，但不是每一个后加字都可以加在三十个基字后。声加法指后加字的添加得根据声音强弱。义加法指后加字的添加，在文字上表达一定的意义。

第十六颂

16.1 ཕོ་གསུམ་མོ་གཉིས་མ་ནིང་གསུམ།།

阳性字分三类，阴性字分两类，中性字分三类，

pho · gsum · mo · gnyis · ma · ning · gsum

ཕོ་//གསུམ་//མོ་//གཉིས་//མ་ནིང་//གསུམ

阳性字//三//阴性字//二//中性字//三

16.2 དྲག་ཞན་བར་མ་གསུམ་དུ་འཇུག།

（阳性字）强，（阴性字）弱，（中性字）适中三种。

dag · zhan · bar · ma · gsum · du · vjug

དྲག་//ཞན་//བར་མ་//གསུམ་//དུ་//འཇུག

强烈//弱//适中//三//（于）//添置，转

16.3 དྲག་པ་གསུམ་ཉིད①་ནང་ཕྲད་དམ།།

如果三个（阳性）强音在一个音节内，或者

dag · pa · gsum · nyid · nang · phrad · dam

དྲག་པ་//གསུམ་//ཉིད་//ནང་//ཕྲད་//དམ

强烈//三个//本身，唯//里面，内//碰到，遇//（或者）

16.4 གལ་ཏེ་ཞན་པ་ནང་ཕྲད་ན།།

（阴性）弱音在（一个音节）内（弱音），

gal · te · zhan · pa · nang · phrad · na

གལ་ཏེ་//ཞན་པ་//ནང་//ཕྲད་//ན

假如//弱//里面，内//碰到，遇//（如果，若）

第十七颂

17.1 དེ་ལའང་ནང་གི་ཆ་ཤས་ཀྱིས།།

会分别出现

de · lavang · nang · gi · cha · shas · kyis

དེ་//ལ//འང་//ནང་//གི་//ཆ་ཤས་//ཀྱིས

彼//（于）//（也）//里面，内//（的）//部分，成分//（以）

① ཉིད：有些版本用的是 ནི。

17.2 དེ་ཡང་དག་ཞན་གཉིས་སུ་དབྱེ།།

强弱之分。

de · yang · dag · zhan · gnyis · su · dbye

དེ་//ཡང་//དག་//ཞན་//གཉིས་//སུ་//དབྱེ

彼//也，又//强烈//弱//两个//虚词//分为

17.3 མ་ནིང་གསུམ་དུ་གང་གཏོགས་པ།།

中性后加字包括三类，

ma · ning · gsum · du · gang · gtogs · pa

མ་ནིང་//གསུམ་//དུ་//གང་//གཏོགས་པ

中性字//三//（于）//什么//包括，属于

17.4 དག་དང་ཕྲད་ན་དག་པར་འགྱུར།།

遇强（基字）则变强（音），

dag · dang · phrad · na · dag · par · vgyur

དག་//དང་//ཕྲད་//ན་//དག་པ་//ར་//འགྱུར

强烈//和//碰到，遇//（如果，若）//强烈//虚词//变成

第十八颂

18.1 ཞན་དང་ཕྲད་ན་ཞན་པར་འགྱུར།།

遇弱（基字）则变弱（音），

zhan · dang · phrad · na · zhan · par · vgyur

ཞན་//དང་//ཕྲད་//ན་//ཞན་པ་//ར་//འགྱུར

弱//和//碰到，遇//（如果，若）//弱//虚词//变成

18.2 གཉིས་ཀ་དག་དང་ཕྲད་གྱུར་ན།།

如果同时遇到强音和弱音，

gnyis · ka · dag · dang · phrad · gyur · na

གཉིས་ཀ་//དག་//དང་//ཕྲད་//གྱུར་//ན

两个//全部//和//碰到，遇//已成//如果

18.3 དེ་ནི་གཉིས་ཀ་ཅན་དུ་འགྱུར།།

后加字就同时具有强弱两种性质，

de · ni · gnyis · ka · can · du · vgyur

དེ་//ནི་//གཉིས་ཀ་//ཅན་//དུ་//འགྱུར

彼//是//二个//者//（于）//变成

18.4 གཉིས་ཀ་དག་དང་མ་ཕྲད་ན།།

如果和（基字）强弱都不遇，

gnyis · ka · dag · dang · ma · phrad · na

གཉིས་ཀ་//དག་//དང་//མ་//ཕྲད་//ན

两个//都，全部//和//不//碰到，遇//（如果，若）

第十九颂

19.1 གང་དུ་ཡང་ནི་མི་འགྱུར་རོ།།

就不发生变化。

gang · du · yang · ni · mi · vgyur · ro

གང་//དུ་//ཡང་//ནི་//མི་//འགྱུར་//རོ

任何//（于）//也//虚词//不//变化//（语终词）

19.2 དེས་ན་འགྱུར་དང་མཚན་གཉིས་དང་།།

因此，有变化中性、二相中性和

des · na · vgyur · dang · mtshan · gnyis · dang

དེས་ན་//འགྱུར་//དང་//མཚན་//གཉིས་//དང

因此//变化//和//相//两个//和

19.3 མཚན་མེད་དག་དང་གསུམ་དུ་འདོད།།

不变中性三种，

mtshan · med · dag · dang · gsum · du · vdod

མཚན་མེད་//དག་//དང་//གསུམ་//དུ་//འདོད

无性，无相//都，全部//和//三//（于）//认为

19.4 དེ་ནི་སྒྲ་ཡི་འཇུག་ཚུལ་ལོ།།

这就是声加法。

de · ni · sgra · yi · vjug · tshul · lo

དེ་//ནི་//སྒྲ་//ཡི་//འཇུག་//ཚུལ་//ལོ

彼//是//声，音//（的）//添置，加//形式，方法//（语终词）

第 16.1 句和第 19.4 句的意思是：后加字中，阳性字分三类，阴性字分两类，中性字分三类。阳性后加字为强音，阴性后加字为弱音，中性后加字为强弱适中的音。阳性三种强音后加字和阴性两种弱音后加字，阳性强音中有强弱之分，阴性弱音也有强弱之分。三个中性后加字的变化情况：①遇强音组合变成强音；②遇弱基字则变弱音；③如果同时遇到强音（再后加字）和弱音（基字），后加字就同时具有强弱两种性质；④如果和强弱音都不相遇，基字就不发生任何变化。因此，第一类中性是变化中性，第二类中性是二相中性、第三类中性是不变中性。以上就是声加法。

根据前面的颂文，我们知道十个后加字在三十个字母中的字性分类都属于阴性：①阴性字“ག་ད་བ་འ་ས”；②极阴性字“ང་ན་མ”；③石阴性字“ར་ལ”。在这里对十个后加字内部按照阴阳又进行了分类，粗分为阳性字“ག་ད་བ་ས”、阴性字“ང་མ་འ”和中性字“ན་ར་ལ”。阳性字发音强势，阴性字发音弱而低沉，中性字介于两者之间。根据发音强弱，后加字又可细分为八种类型，阳性后加字分为上阳性、中阳性和下阳性，阴性后加字分为准阴性和极阴性，中性字分为变化中性、二相中性和不变中性三种。

第二十颂

20.1 དོན་ནི་རྣམ་པ་གཉིས་ཡིན་ཏེ།།

义加法分两类，

don · ni · rnam · pa · gnyis · yin · te

དོན་//ནི་//རྣམ་པ་//གཉིས་//ཡིན་//ཏེ

意义//是//形式，种类//二//是//（即）

20.2 སྔ་མ①་གང་ལྟར་གྱུར་པ་དང་།།

与前面（前加字）变化一致

snga · ma · gang · ltar · gyur · pa · dang

སྔ་མ་//གང་//ལྟར་//གྱུར་པ་//དང

前面//如何，怎样//犹，如//变化//和

20.3 ཕྱི་མ་གང་ལྟར་འགྱུར་བའོ།།

与后面（词尾）变化一致。

phyi · ma · gang · ltar · vgyur · bavo

ཕྱི་མ་//གང་//ལྟར་//འགྱུར་བ//འོ

后面//如何，怎样//犹，如//变化//（语终词）

① སྔ་མ：前面，这里指前加字。

20.4 སྔ་མ་སྔོན་འཇུག་ལྔ་བཞིན་སྦྱར།།

（后加字）与前面的前加字相配合

snga · ma · sngon · vjug · lnga · bzhin · sbyar

སྔ་མ་//སྔོན་འཇུག་//ལྔ་//བཞིན་//སྦྱར

前面//前加字//五//一样，如同//配合

第 20.1 句至第 20.4 句的意思是：义加法分两类：①后加字与前加字的配合，称为“按前加”；②后加字与后面词缀的配合，称为“按后加”。

“按前加”是看后加字前边的前加字，组成文字时表示什么语法意义，而这后加字也随之表示同一语法意义。即前加字表“自”，后加字也表“自”，前加字表“他”后加字也表“他”，前加字表“三时”，后加字也表“三时”。也就是说，第一类的后加字的添加，是与五个前加字所表示的文字意义一样，前加字起决定作用。

第二十一颂

21.1 ཕྱི་མ་དག་གི་འདྲེན་ཚུལ་ནི།།

后面（词缀）的引导方法是

phyi · ma · dag · gi · vdren · tshul · ni

ཕྱི་མ་//དག་//གི་//འདྲེན་//ཚུལ་//ནི

后面//都、全部//的//引导//方法//是

21.2 ཕོ་ཡིས་ཕོ་ཡི་མིང་མཐའ[①]་དྲང་།

后加字是阳性，词缀也为阳性，

pho · yis · pho · yi · ming · mthav · drang

ཕོ་//ཡིས་//ཕོ་//ཡི་//མིང་མཐའ་//དྲང

阳性字//（以）//阳性字//（的）//词缀，名边//引导

21.3 མོ་ཡིས་མོ་ཡི་མིང་མཐའ་དྲང་།

后加字是阴性，词缀也为阴性，

mo · yis · mo · yi · ming · mthav · drang

མོ་//ཡིས་//མོ་//ཡི་//མིང་མཐའ་//དྲང

阴性字//（以）//阴性字//的//词尾，名边//引导

21.4 མ་ནིང་གིས་ནི་མ་ནིང་ངོ་།

后加字是中性，词缀也为中性。

ma · ning · gis · ni · ma · ning · ngo

མ་ནིང་//གིས་//ནི་//མ་ནིང་//ངོ

中性字//（以）//是//中性字//（语终词）

第 21.1 句至第 21.4 句的意思是：后面（词缀）的引导方法是：后加字是阳性，词缀也为阳性，后加字是阴性，词缀也为阴性。

① མིང་མཐའ：词缀，直译为名边。

“按后加”又分为“同性相加”和“同声相加”两种。这部分是讲前一音节的后加字与词缀的同性相加方法，也就是说前一音节的后加字是阳性字，词缀也为阳性字；前一字的后加字是阴性字，词缀也为阴性字；前一字的后加字是中性字，词缀也为中性字。后加字义加法分类见图 3。

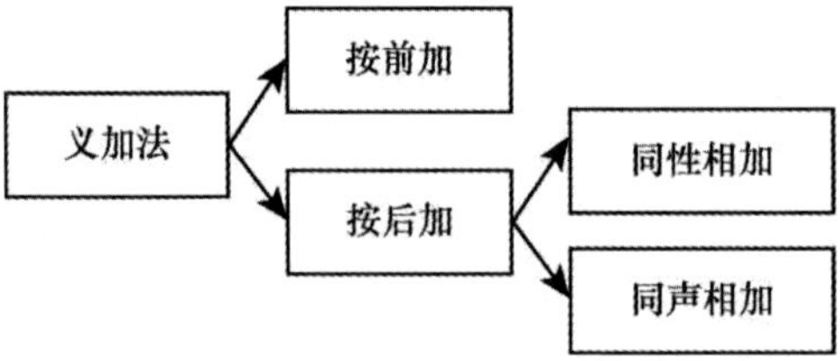

图 3　后加字义加法分类

第二十二颂

下面开始介绍“同声相加”（སྒྲ་མཐུན་པ）。

22.1 མིང་མཐའ་དེ་དག་ཉིད་ཀྱིས་ནི།།

这些词缀是

ming · mthav · de · dag · nyid · ni

མིང་མཐའ་//དེ་དག་//ཉིད་//ཀྱིས་//ནི

词缀，名边//这些//仅此，唯//（以）//是

22.2 དེ་ཉིད་རང་གི་སྒྲ་མཐུན་པའི།།

遵循音相同的规律。

de · nyid · rang · gi · sgra · mthun · pavi

དེ་ཉིད་//རང་//གི་//སྒྲ་//མཐུན་པ་//འི

唯彼//本身//（的）//声，音//相同//（的）

22.3 ཆོས་དངོས་ལས་དང་བྱེད་པ་དང་།།

事物格（名称格）、业格、作格、

chos · dngos · las · dang · byed · pa · dang

ཆོས་དངོས་//ལས་//དང་//བྱེད་པ་//དང

事物格，名称格//业格，业声//和//作格，作声//和

22.4 སྦྱིན་དང་འབྱུང་ཁུངས་འབྲེལ་བ་དང་།།

施事格、从格、属格、

sbyin · dang · vbyung · khungs · vbrel · ba · dang

སྦྱིན་//དང་//འབྱུང་ཁུངས་//འབྲེལ་བ་//དང

施事格//和//来源，从格//属格，属声//和

第二十三颂

23.1 གནས་དང་བོད་པའི་སྒྲ་ཡང་དྲང་།།

存在格和呼格都是同声相加。

gnas · dang · bod · pavi · sgra · yang · drang

གནས་//དང་//བོད་པ//འི་//སྒྲ་//ཡང་//དྲང

存在，依声//和//呼叫，呼格//（的）//声，音//（也）//引入

23.2 གཞན་ཡང་སླར་བསྡུ་ལྷག་བཅས་དང་།།

另外，还有终结词、带余词、

gzhan · yang · slar · bsdu · lhag · bcas · dang

གཞན་ཡང་//སླར་བསྡུ་//ལྷག་བཅས་//དང

另外，复次//终结词，完结词//剩余，带余词//和

23.3 འབྱེད་སྡུད་བསྣན་དང་བདག་པོ་དང་།།

离合词、增词和主人词和

vbyed · sdud · bsnan · dang · bdag · po · dang

འབྱེད་སྡུད་//བསྣན་//དང་//བདག་པོ་//དང

离合词，分和词//增加，增强词//和//主人词，我声//和

23.4 དགག་སྒྲུབ་རྒྱན་དང་དུས་ལའང་འཇུག།

否定词、肯定词、修饰词和时间词

dgag · sgrub · rgyan · dang · dus · lavang · vjug

དགག་//སྒྲུབ་//རྒྱན་//དང་//དུས་//ལ//འང་//འཇུག

遮声//立声//严摄词//和//时间//（于）//（也）//添置，加

第二十四颂

24.1 དེ་དག་སྔ་ཤུགས་འདྲེན་པས་འབྱུང་།།

根据它前面的（后加字）的强弱引出来。

de · dag · snga · shugs · vdren · pas · vbyung

དེ་//དག་//སྔ་//ཤུགས་//འདྲེན་པ//ས་//འབྱུང

彼//诸，等//前面//力量//引导//（以）//产生

第 22.1 句至第 24.1 句的意思是：这些词缀是遵循“同声相加”的规律。“八格”都是同声相加，包括事物格、作格、主格、施事格、从格、属格、存在格和呼格。另外，还有终结词、带余词、离合词、增词和主人词以及否定词、肯定词、严摄词和时间词根据前一音节后加字的强弱引出来。

24.2 དེ་དག་ནང་གསེས་གང་འཇུག་པ།།

这些（格）添加到哪里？

de · dag · nang · gses · gang · pa

དེ་//དག་//ནང་གསེས་//གང་//འཇུག་པ

彼//诸，等//里面，内部//哪里，如何//添置，转

24.3 མཐའ་སྦྱོར་འོག་མའི་མིང་དོན་ལས།།

是根据依属词（格）后面的词语的意思来决定的。

mthav · sbyar · vog · mavi · ming · don · las

མཐའ་//སྦྱར་//འོག་མ//འི་//མིང་//དོན་//ལས

后面//组合，接//下面//（的）//词//意义//（从）

24.4 སྤྱིར་འདུག་ཡོད་དམ་བྱེད་པ་ཡོད།།

总声或者作格

spyir · yod · dam · byed · pa · yod

སྤྱིར་//འདུག་//ཡོད་//དམ་//བྱེད་པ་//ཡོད

总声，通常//添置，转//有//（或者）//作格，作声//有

第二十五颂

25.1 དེ་བཞིན་ཆེད་བྱེད་རྟེན་བྱེད་དང་།།

目的格、作格、依格（存在格）、

de · bzhin · ched · byed · rten · byed · dang

དེ་བཞིན་//ཆེད་//བྱེད་//རྟེན་བྱེད་//དང

如是，如此//为格，目的格//作格，施为//依靠，依声//和

25.2 ལས་བྱ་བླང་བྱ་བསྒྲུབ་པར་བྱ།།

业格、来源格、属格（都是放在后面）

las · bya · blang · bya · bsgrub · par · bya

ལས་བྱ་//བླང་བྱ་//བསྒྲུབ་པ//ར་//བྱ

业格//来源格//属格//虚词//虚词

25.3 སྔོན་དུ་འོས་པ་གནས་པའམ།།

（呼格）可以放在前面，

sngon · du · vos · pa · gnas · pavam

སྔོན་//དུ་//འོས་པ་//གནས་པ་//འམ

前面//（于）//合宜、适当//有，存在//或者

第 24.2 句至第 25.3 句的意思是：这些（格）添加到哪里？即依属词全部（包括八格）的加用，是根据依属词后面的词语的意思来决定的。总声或者主格、目的格、作格、依格、业格、来源格、属格都是放在后面，呼格可以放在前面。

25.4 གཞན་ཡང་ཚིག་དོན་འོག་མ་ལས།།

另外，根据后面句子的意义，

gzhan · yang · tshig · don · vog · ma · las

གཞན་ཡང་//ཚིག་//དོན་//འོག་མ་//ལས

另外，复次//句子//意义//后面//（从）

第二十六颂

26.1 བསྡུ་རྒྱུ་ཡོད་དམ་མེད་པ་དང་།།

能集的和不能集的

bsdu · rgyu · yod · dam · med · pa · dang

བསྡུ་རྒྱུ་//ཡོད་//དམ་//མེད་པ་//དང

收集，摄集//有//（或者）//没有，无//和

26.2 གོང་མ་ལས་ཀྱང་དེ་བཞིན་ཏེ།།

和前面一样

gong · ma · las · kyang · de · bzhin · te

གོང་མ་//ལས་//ཀྱང་//དེ་བཞིན་//ཏེ

前面//（从）//（也）//如是，如此//虚词

26.3 རྣམ་གྲངས①་དག་ཀྱང་བཀོད་པ་ལས།།

列举所有类别，

rnam · grangs · dag · kyang · bkod · pa · las

རྣམ་གྲངས་//དག་//ཀྱང་//བཀོད་པ་//ལས

类别，名数//诸，全部//也//列出，建立//（从）

26.4 བསྐྱར་བ་ཡོད་དམ་མེད་པ་དང་།།

有重复的或者没重复，

bskyar · ba · yod · dam · med · pa · dang

བསྐྱར་བ་//ཡོད་//དམ་//མེད་པ་//དང

重复//有//（或者）//没有，无//和

① 例如：太阳多种不同说法。

第 25.4 句至第 26.4 句的意思是：从后文的意义来看，集摄与否，可分为摄前、摄后及补足等三种摄词。两个以上并列的名词，如果有重复，根据重复的性质，分为意义重复和词、意都重复两种。

第二十七颂

27.1 ཕོ་སྒྲ་དང་ནི་མོ་སྒྲ་དག།

阳性字音和阴性字音等，

pho · sgra · dag · ni · mo · sgra · dag

ཕོ་//སྒྲ་//དང་//ནི་//མོ་//སྒྲ་//དག

阳性//字音//和//虚词//阴性//字音//都、全部

27.2 མིང་གི་མཐའ་ན་ཡོད་མེད་དང་།།

词尾有没有

ming · gi · mthav · na · yod · med · dang

མིང་//གི་//མཐའ་//ན་//ཡོད་//མེད་//དང

词//（的）//尾，后//（于）//有//无//和

27.3 རྒྱན་དུ་གྱུར་པ་རྣམས་ལ་ཡང་།།

所有的饰词中，

rgyan · du · gyur · pa · rnams · la · yang

རྒྱན་//དུ་//གྱུར་པ་//རྣམས་//ལ་//ཡང

饰词，庄严词//（于）//转变，成为//诸，们//（于）//（也）

27.4 དོན་ལ་བསྙེགས་པ་ཡོད་མེད་དང་།།

有意义的或者无意义的，

don · la · bsnyegs · pa · yod · med · dang

དོན་//ལ་//བསྙེགས་པ་//ཡོད་//མེད་//དང

意义//（于）//追赶，提升//有//无//和

第 27.1 句至第 27.4 句的意思是：根据名词后缀的阳性和阴性词缀是本来就有的，还是后加的，分为“我声”“遮声”及“自性声”三类。所有的饰词（庄严词）是根据能否加强文意的作用来决定使用的。

第二十八颂

28.1 བསྟན་བྱ་ལྷག་མ་ཡོད་མེད་དང་།།

余词表示还有剩余，

bstan · bya · lhag · ma · yod · med · dang

བསྟན་བྱ་//ལྷག་མ་//ཡོད་//མེད་//དང

所说，所论//剩余//有//无//和

28.2 ཚིག་དོན་རྫོགས་དང་མ་རྫོགས་ཀྱིས།།

语终词表示语句结束。

tshig · don · rdzogs · dang · ma · rdzogs · kyis

ཚིག་དོན་//རྫོགས་//དང་//མ་//རྫོགས་//ཀྱིས

语义//结束，圆满//和//不//结束，圆满//（以）

28.3 དེ་དག་ནང་གསེས་རྣམ་པར་དབྱེ།།

就分了上面这些。

de · dag · nang · gses · rnam · par · dbye

དེ་དག་//ནང་གསེས་//རྣམ་པ//ར་//དབྱེ

这些//里面，内部//形式，种类//虚词//差别，分

第 28.1 句至第 28.3 句的意思是：表示句子的意义有无剩余是有余词，表示句意圆满与否是完结词，以上转声和虚词的内部用法，要以前述的实际情况来作区分。

28.4 ཅི་ཕྱིར་འཇུག་པར་བྱེད་ཅེ་ན།།

为什么要放后加字，

ci · phyir · jug · par · byed · ce · na

ཅི་ཕྱིར་//འཇུག་པ//ར་//བྱེད་//ཅེ་ན

为何//添置，加//虚词//作//则为

第二十九颂

29.1 ཡི་གེའི་ཁོངས་ནས་མིང་དབྱུང་སྟེ།།

词由字母组成，

yi · gevi · khongs · nas · ming · dbyung · ste

ཡི་གེ//འི་//ཁོངས་//ནས་//མིང་//དབྱུང་//སྟེ

字母、音素//的//群，所属//（由）//词//产生//（后）

29.2 མིང་གི་ཁོངས་ནས་ཚིག་ཕྱུང་ནས།།

句子由词组成，

ming · gi · khongs · nas · tshig · phyung · nas

མིང་//གི་//ཁོངས་//ནས་//ཚིག་//ཕྱུང་//ནས

词//的//群，所属//（由）//句子//产生//（后）

29.3 ཚིག་གིས་དོན་རྣམས་སྟོན་པར་བྱེད།།

句子表示完整的意义。

tshig · gis · don · rnams · ston · par · byed

ཚིག་//གིས་//དོན་//རྣམས་//སྟོན་པ//ར་//བྱེད

句//以//意义//诸，们//表达，论述//虚词//作

第 28.4 句至第 29.3 句的意思是：为什么要加后加字呢？它的作用是什么？词是由字母组成的，句子是由词组成的，句子能够表示完整的意义。

这是就表义说的，不是就表音说的，藏文造字之初，每词都有后加字，最低限度也必须有“འ”后加字。缺了后加字，便不能成

词，没词便不能成句，没句便不能表达完整的意义。因此，后加字是文字成立的基础，厘定后才把词中的“འ”后加字略而不写。

29.4 མོ་ཡི་ཡི་གེ་མེད་པ་ན།།

如果没有元音。

mo · yi · yi · ge · med · pa · na

མོ་//ཡི་//ཡི་གེ་//མེད་པ་//ན

阴性字//的//字母//没有//（如果，若）

第三十颂

30.1 ཕོ་ཡིག་བརྗོད་པ་མེད་པར་འགྱུར།།

辅音读不出来，

pho · yig · brjod · pa · med · par · vgyur

ཕོ་ཡིག་//བརྗོད་པ་//མེད་པ//ར་//འགྱུར

阳性字//读，说//没有//将（虚词）//变得，成为

30.2 ཕོ་ཡིག་དེ་དག་རྣམས་ལ་ཡང་།།

这些辅音字母，

pho · yig · de · dag · rnams · la · yang

ཕོ་ཡིག་//དེ་དག་//རྣམས་//ལ་//ཡང

阳性字//这些//诸，们//（于）//（也）

30.3 འཇུག་པར་བཅས་པ་མེད་ན་ནི།།

如果没有前加字和后加字的话，

vjug · par · bcas · pa · med · na · ni

འཇུག་པ//ར//བཅས་པ//མེད//ན//ནི

添置，加//虚词//具备，等//没有//（如果，若）//语气助词

30.4 མིང་དང་ཚིག་ཀྱང་གསལ་མི་ནུས།།

不能构成词和句子。

ming · dang · tshig · kyang · gsal · mi · nus

མིང་//དང་//ཚིག་//ཀྱང་//གསལ་//མི་//ནུས

词//和//句子//（也）//清楚//不//能够

第三十一颂

31.1 མིང་ཚིག་གསལ་བ་མེད་ན་ནི།།

没有词和句子的表示，

ming · tshig · gsal · ba · med · na · ni

མིང་//ཚིག་//གསལ་བ་//མེད་//ན་//ནི

词//句子//表示，明示//没有//如果//虚词

31.2 དོན་རྣམས་བརྗོད་པར་མི་འགྱུར་རོ།།

不能阐述意义。

don · rnams · brjod · par · mi · vgyur · ro

དོན་//རྣམས་//བརྗོད་པ//ར་//མི་//འགྱུར་//རོ

意义//诸，们//解说//虚词//不//形成//（语终词）

31.3 དེ་ལྟར་གྱུར་ན་འཇིག་རྟེན་དུ།།

所以，世界上的道理思想若不表达，

de · ltar · gyur · na · vjig · rten · du

དེ་ལྟར་//གྱུར་//ན་//འཇིག་རྟེན་//དུ

像这样，如是//成为//（如果，若）//世界，世间//（于）

31.4 དོན་མཚོན་བརྗོད་པ་ཀུན་ཀྱང་མེད།།

哪里会有文章来讲道理的。

don · mtshon · brjod · pa · kun · kyang · med

དོན་//མཚོན་//བརྗོད་པ་//ཀུན་//ཀྱང་//མེད

意义//表达，诠释//说//全部，诸//（也）//没有，无

第三十二颂

32.1 རིག་བྱེད་སྨྲ་བའང་ཡོད་མི་འགྱུར།།

婆罗门吠陀的经典也没有。

rig · byed · smra · bavang · yod · mi · vgyur

རིག་བྱེད་//སྨྲ་བ//འང་//ཡོད་//མི་//འགྱུར

吠陀，学科//解说//（也）//有//不//成为

32.2 ཉན་ཐོས་རང་རྒྱལ་སངས་རྒྱས་ཀྱི།།

声闻、独觉、佛

nyan · thos · rang · rgyal · sangs · rgyas · kyi

ཉན་ཐོས་//རང་རྒྱལ་//སངས་རྒྱས་//ཀྱི

声闻//独觉//佛//（的）

32.3 བསླབ་པ་རྣམས་ཀྱང་མེད་པར་འགྱུར།།

就无法学习。

bslab · pa · rnams · kyang · med · par · vgyur

བསླབ་པ་//རྣམས་//ཀྱང་//མེད་པ//ར་//འགྱུར

学习，学处//诸，们//（也）//无，没有//将（虚词）//变化

第 29.4 句至第 32.3 句的意思是：若没有母音（元音）[a][i][u][e][o]，辅音便读不出来。这些辅音没有前后加字，就不能组成词和句，没有词和句，怎能说明道理，表达思想呢？世界上思想道理若不能表达，哪里会有说明道理的文章。没有文章，哪里有婆罗门四吠陀经典，哪有声闻，独觉、菩萨等的学问去学习。

32.4 ཇི་ལྟར་འཇིག་རྟེན་སེམས་ཅན་རྣམས།།

如此大千世界，芸芸众生，

ji · ltar · vjig · rten · sems · can · rnams

ཇི་ལྟར་//འཇིག་རྟེན་//སེམས་ཅན་//རྣམས

如此//世界，世间//众生，有情//诸，们

第三十三颂

33.1 ཕུང་པོ①་ཁམས②་དང་སྐྱེ་མཆེད③་དང་།།

蕴、界、处和

phung · po · khams · dang · skye · mched · dang

ཕུང་པོ་//ཁམས་//དང་//སྐྱེ་མཆེད་//དང

蕴//界//和//处//和

33.2 གྲུབ་མཐའ་གཞན་ཡང་ཡོད་ན་ཡང་།།

教派的区别，

grub · mthav · gzhan · yang · yod · na · yang

གྲུབ་མཐའ་//གཞན་//ཡང་//ཡོད་//ན་//ཡང

学派，宗义//另外，其他//（也）//有//（如果，若）//（但）

33.3 རང་ཉིད་ཀྱིས་ནི་མི་ཤེས་བཞིན།།

① ཕུང་པོ།：蕴，旧识作五蕴：色，受，想，行，识。

② ཁམས།：界，旧时作十八界，是眼识，耳识，鼻识，舌识，身识，意识，再加十二处。

③ སྐྱེ་མཆེད།：处，旧识做十二处，是内六处：眼，耳，鼻，舌，身，意；外六处：色，声，香，味，触，法。

人们自己却不知道。

rang · nyid · kyis · ni · mi · shes · bzhin

རང་ཉིད་//ཀྱིས་//ནི་//མི་//ཤེས་//བཞིན

自己，本身//虚词//虚词//不//知道//如，同

第 32.4 句至第 33.3 句的意思是：如此大千世界，芸芸众生，蕴、界、处和教派的区别，人们却不知道。

用人的身体做比喻来说明学习的重要性，身内的各种器官和认识能力，教派之间也有区别，人们却不知道。特别是本已有的东西，人们自己却司空见惯，但并不了解。

33.4 དེ་བཞིན་ཡི་གེའི་འཇུག་ཚུལ་རྣམས།།

如此字性组织法

de · bzhin · yi · gevi · tshul · rnams

དེ་བཞིན་//ཡི་གེ//འི་//འཇུག་//ཚུལ་//རྣམས

如是，如此//字母//的//添置，加//形式，方法//诸，们

第三十四颂

34.1 སྨྲ་བ་ཀུན་ལ་གནས་གྱུར་ཀྱང་།།

虽然语言谁都会说，

smra · ba · kun · la · gnas · gyur · kyang

སྨྲ་བ་//ཀུན་//ལ་//གནས་//འགྱུར་//ཀྱང

说话//全部，诸//（于）//有//变化//虽然

34.2 རང་ཚུལ་དེ་ཉིད་མི་ཤེས་པས།།

但是不知道语言规律，

rang · tshul · de · nyid · mi · shes · pas

རང་//ཚུལ་//དེ་ཉིད་//མི་//ཤེས་//པས

自己//形式，方法//正是如此//不//知道//（以）

34.3 དོན་ལ་སྦྱོར་བ་ག་ལ་ཤེས།།

无法解释意义，

don · la · sbyor · ba · ga · la · shes

དོན་//ལ་//སྦྱོར་བ་//ག་ལ་//ཤེས

意义//（于）//组合，结合//怎么//知道

34.4 དེ་ཕྱིར་སྨྲ་བའི་དབང་ཕྱུག་གི།

所以，跟着语自在（文殊菩萨），

de · phyir · smra · bavi · dbang · phyug · gi

དེ་ཕྱིར་//སྨྲ་བའི་དབང་ཕྱུག་//གི

因此，所以//语自在//（的）

第三十五颂

35.1 རྗེས་སྨྲས་འདི་ཀུན་རྟོགས་གྱུར་ཅིག།

领悟全部道理[①]。

rjes · smras · vdi · kun · rtogs · gyur · cig

རྗེས་//སྨྲས་//འདི་//ཀུན་//རྟོགས་//གྱུར་ཅིག

后面//说//这个，此//全部，遍//觉悟，通达//但愿，惟愿

第 33.4 句至第 35.1 句的意思是：语言本来就有，谁都会说，但是不知道语言规律，就无法解释意义，不能说明道理。所以要跟着文殊菩萨学习语法规律，领悟全部道理。

① 这里指语言规律。

附　录

词汇表

1 ཀ	
ཀྱང་།	连词，虽然，而且
ཀློག་པ	读，诵读，念
ཀཱ་ལི།	辅音字母组
ཀྱི།	的
ཀྱིས།	以，用以，以故
ཀུན།	全部
ཀུན་ཏུ།	到处
བསྐྱར་བ།	重复
བཀོད་པ།	主意，结构，布局，布置、建立
དཀོན་མཆོག	宝，至宝，稀世之珍
སྐྱེ་མཆེད།	处，有十二处，包括内六处和外六处
སྐྱེས་བུ།	男子，人，士
སྐྱེས་མཆོག	圣人，完人，最上士夫

续表

2 ཁ	
ཁྱབ་པ།	普遍，遍满，充盈，周延
ཁོངས།	群，种类，范围
མཁྱེན་པ།	知道、了解、领会的敬语
མཁས་པ།	精通，熟练；智者，贤者
3 ག	
གྱི།	的
གྱིས།	以，用以，以故
ག་ལ།	哪里，何处；怎么会
གང་།	任何，谁，哪里，什么
གང་དུ།	哪里
གང་ཞིག	谁，何，某
གང་ཟག	人，众生
གང་རུང་།	任一
གང་ལྟར།	总之，反正，横竖，不管怎样
གང་ལ།	任何
གལ་ཏེ།	假如，倘若，如果
སྒྲུབ།	立声
སྒྲུབ་པ	办理，置办
བསྒྲུབ་པར་བྱ།	属格
བརྒྱད་པ།	第八

续表

གོང་མ།	皇帝，祖师，先师，先圣；靠前的，在上的
སྒྲ	声音
སྒྲ་དབྱངས།	声音，乐声，音韵，和声
གི	的
གིས།	用以，以故
གྲོལ་བ།	散开，解脱
རྒྱུ།	根本
རྒྱུ་མཚན།	原因，理由，道理，情形
དགུ་པ།	第九
དགག་པ།	破除；否定，驳斥，批判
དགར།	分类
འགྱུར་བ།	变得，成为，变化
གྱུར་པ།	成为，形成，变成
གྱུར་ཅིག	当使，但愿、惟愿
གྲུབ་མཐའ།	学派
རྒྱ་གར་སྐད།	印度语
རྒྱན།	装饰，修饰，庄严
རྒྱས་པ།	完全，详尽，丰盛
རྒྱལ།	胜利（者），王

4 ང

ང་རོ།	声调；叫声，吼声，啸声

续表

ངག་གི་དབང་ཕྱུག།	语自在
ལྔ།	五
ལྔ་པོ།	五个
སྔོན།	首先，开始，前面
སྔོན་དུ།	前面，以前，先前
སྔོན་འཇུག	前加字
ངོ་།	脸，容貌
མངའ་བ།	有，存在
དངོས།	明显；直接；真正，实际
དངོས་པོ།	事物；物质
སྔ།	前面
སྔ་མ།	往昔，古时，过去；早先，先前，前面

5 ཅ

ཅན།	者，具有者；近处，身旁，面前
ཅུང་ཟད།	稍微，小量，微量，短暂
ཅི་ཕྱིར།	为何，怎样，为什么
ཅིང་།	而且
ཅིག་ཤོས།	另一方面，另外一个，反面
བཅས་པ།	具备，含有，带有；等
བཅུ།བཅུ་པ།བཅུ་པོ།	十
བཅུ་བཞི།	十四

续表

ཅེ་ན།	如果说，要是说；则为
ཅེས་པ།	云，云云，所谓，称为

6 ཆ

ཆོས་དངོས།	事物格
ཆུང་ངུ།	稍微，微小
མཆོག	殊胜，妙，最好，至上
ཆེད་དུ།	特地，专为，为了
ཆ་ཤས།	部分；微量，些许，少许，局部

7 ཇ

བརྗོད་པ།	诠说，解说，所说；内容，意义
རྗོད་པ།	说，讲，论，诠
འཇུག་པ།	放进，装入，安置；加入，参加，进入
འཇིག་རྟེན།	世界，世间。佛书世间分为地下、地面和地上，也表数字 3
འཇམ་པ།	悦耳
འཇམ་པའི་དབྱངས།	妙音菩萨，文殊菩萨
རྗེས།	痕迹；后面
རྗེས་འཇུག	后加；随行，追随，后继

8 ཉ

ཉི་ཤུ།	二十
ཉིད།	仅此，只此，单独，唯一

续表

གཉིས།	二
གཉིས་པ།	第二
གཉིས་ཀ།	两个
བསྙེགས་པ།	追赶（过去时）
མཉན།	听取，听
མཉམ་པ།	相同，平等，均匀；适中，合适
ཉན་ཐོས།	声闻；弟子

9 ཏ

སྟོན་པ།	表达，说明，指示；导师
ཏྲིཾ་ཤད།	三十
སྟེ།	余词，连续词
རྟག་ཞི་བ།	常寂天，传说指印度创造文字的神
རྟགས།	符号，标志，记号；性别
རྟོག་པ།	初步思索，思维
རྟོགས།	领悟，觉悟
གཏོགས་པ།	包括，牵扯，进入
བསྟན་པ།	表达，指示（过去时）
བསྟན་བྱ།	所说的，所指示的
བརྟེན་པ།	能依者，依附者
ཇི་ལྟར།	如何，怎样；犹如
རྟེན་བྱེད།	能依；大地的异名

续表

རྟེན་གནས།	处所，方位
ཏེ།	余词，连续词

10 ཐ

ཐ་སྙད།	词；术语；名称
ཐོག	雷；顶，上头
ཐོགས་མེད།	顺手，顺当，顺畅，无阻碍
མཐོང་།	见
མཐར།	后面
མཐའ།	边际，尽头；边缘；后面
མཐུ།	力量，能力
མཐུན་པ།	和好，亲睦，和谐；等同，一致，符合
ཐམ་པ།	正，整
ཐམས་ཅད།	全，完全，所有一切
ཐམས་ཅད་མཁྱེན།	全知，遍知

11 ད

སྡེ་བ།	品类，组
སྡེ་ཚན།	类，单元
སྡེབ་སྦྱོར།	声韵，声律
དོན།	义，含义
གདམས་ངག	窍门；教诲
དེ།	此，彼

续表

དེ་ཉིད།	正是如此；其本身；自性（业格）
དེ་ནས།	之后
དེ་བཞིན།	如是，如此，这样
དེ་དག	彼等，这些
དེ་ལྟར།	如是，似彼，如前；像那样，像这样
དེ་ལ།	由此
དེ་ཕྱིར།	是故，因此，所以
དེས་ན།	因此，是故，若尔，那么
དུ།	位格助词，在，于，上
དུས།	时间，季节
དུས་སུ།	及时
དྲིལ་བྱས་ནས།	总结，概括
སྡུད་པ།	集中，收集；聚合；集（词）
བདུན་པ།	第七
བསྡུ་རྒྱུ།	所要收集的
བསྡུས་པ།	简要，大略
བདག	我，自己
བདག་པོ།	主人，所有人
ལྡན་པ།	有
དྲང་།	引入
དྲག་པ།	痊愈；激烈

续表

དྲུག	六
དྲུག་པ།	第六
ད་།	和
ད་ལྟར།	如今，今世，现在
དང་།	和
དང་པོ།	起初，开始，先前；第一
དག	都，全部，多数，们；二
དམ།	或者；和；吗，呢
དད་པ།	信奉，信仰
འདི་།	代词：这个，此处，目前
འདི་ཉིད་།	即此，这个本身，唯此
འདི་ལྟ་སྟེ།	是这样的，谓为，如是，如下，像下文这样
འདོམས་པ།	教导，传授口诀，讲说
འདོད་།	称为，认为
འདས།	过去
འདྲེན་པ།	拉，提，挽；引导，带领；引导者，导师
ལྡོག་པ།	返，退化；反体，相反

12 ན

ནི།	是，者，用作虚词
ནུས།	能够
ན།	年龄；如果，因为；在

续表

ནང་།	内部，家庭，心中，秘密
ནང་གསེས།	内容，条目
ནས།	青稞；置于动词过去时之后，表示“……以后”；从
གནས།	地点，住处；有；住，坐
རྣམ་པ།	差别，态度，形状
རྣམ་གྲངས།	品类，门类，数目
རྣམས།	众、诸、们
བརྣན་པ།	强调，注重
བསྣན།	增加
མན་ངག	口诀，窍门，秘法，门路
ནོ།	语终词
ནཱ་མ།	称为，著称

13 པ

པ་དཱ་ར།	添加
པས།	原因
སྤྱི།	共同、全面，统指词。拥戴
སྤྱིར།	一般，共同，通常
ཏུ།	位格助词，于，在
པུ་ལིངྒ།	男性，阳性
སྤངས།	断除，舍弃，抛弃，放弃，忌

续表

14 ཕ

ཕྲད།	碰到，遇到；连接词
ཕྱེ་བ།	分开；除法
ཕྱེད།	一半；老人，已过壮年者
ཕྱག་འཚལ།	礼赞，敬礼，叩头
ཕོ།	男性，阳性
ཕོ་ཡིག	阳性字，强音字
ཕུང་པོ།	聚，堆；蕴
འཕྲད་པ།	晤面，会合，值遇，接触
ཕྱུང་།	产生
ཕྱི་མ།	后，将来，未来；外
ཕྱིར།	因由，缘故；往后
ཕྱིས།	去掉，擦掉

15 བ

སྦྱིན།	施事
བྱེད་པ།	从事，做，作，能作，主格
བྱེད་པ་པོ།	作者，施事者
སྦྱང་།	学习，练习，锻炼，净，消除
སྦྱར།	结合，配合，接合，粘，贴。编辑，著（书）
བོད་པ།	呼叫，呼格
བོད་སྐད།	藏语

续表

བླ་མ།	喇嘛，上师
བླང་བ	取回
བླང་བྱ།	取舍；来源格
བྱ།	作，进行，做，干，搞，成为……；鸡（酉），鸟，禽
བྱས།	已做
དབྱེ།	分开，分类
དབྱེ་བ།	差别，类别，界限
དབྱུང་།	产生，抽出
དབང་།	权利，权威；拥有，属于，占有
དབང་ཕྱུག	自在；大自在天，天神名
དབབ།	降下，下达（命令），放下，卸下；制定，决定
དབྱངས།	音，曲调，音韵
སྦྲེལ་བ།	接续，连合，连接
འབྱེད་པ།	揭开，分开
འབྱེད་སྡུད།	分合，集散，离合
འབྱུང་།	获得，生起，出现；元素，物质
འབྱུང་ཁུངས།	发源处，源头，根源，来源；从格
འབད་པ།	努力，用功，勤勉；勤奋，发奋
འབའ་ཞིག	单独，唯一，独一无二，仅仅；单纯，纯粹
འབྲི་བ།	写，画，记录
འབྲིང་བ།	中等，介于中间者，中庸，平常

续表

འབྲེལ་བ།	粘着，结合，联系，接连
འབྲས་བུ།	果，结果
སྦྱོར་བ།	配制，组合；用，应用
བྱཱ་ཀ་ར་ཎ།	声明记论，（梵语）文法

16 མ

མེད་པ།	无，没有，不存在
མོ།	卦，卦象；女性，阴性
མོ་གཤམ།	石女
མི།	人；不
མི་སྲིད།	没有，不可能
མིང་།	名称，名义，称号
མིང་གཞི།	语基，字根
མིང་མཐའ།	字尾，后加字；词尾
མིན།	非，不是，没有
ཁམས།	地区，地方；康区；界；种，类；元素，本质；身体
མ།	不
མ་ནིང་།	中性
མ་འོངས་པ།	未来，将来；表示未来时间和所做事的动词
མ་གཏོགས།	此外，除此之外
མས།	下面，后面
མྱུར།མྱུར་བ།	迅速，快速，机警，敏捷

续表

སྨྲ་བ།	谈，说，告知；说，说话，论；语言
སྨྲ་བའི་རྒྱལ།	语言中的王，语王；文殊菩萨的异名
སྨྲས།སྨྲས་པ།	答曰，诗曰，颂曰
མཱུ་ལ།	根本
མཱུ་ལཾ།	（梵文）根，根本，根基

17 ཙ

ཙ་བ།	根，根本，根基
བརྩོན་པ།	精进，勤勉，努力

18 ཚ

ཚེ་སྐབས།	时间，时机，机会
མཚོན།མཚོན་པ།	表明，标出，显示，说明
མཚན།	相，形状；名、名字、名号、名称的敬语
མཚན་མེད།	无性，无相；修习诸法性空
མཚན་གཉིས་པ།	两性者，二形者
མཚམས་སྦྱོར།	结合，连接，关联，如前后相结合；介绍，媒介
ཚིག	烧，灼，烫；语言，言词，句
ཚིག་པ།	忿恨，生气，怒
ཚིག་དོན།	语义
ཚིག་རྒྱན།	语气修饰词；程度修饰词
ཚིགས་སུ་བཅད་པ།	颂，四句；相当于汉语的偈
ཚུལ།	方法，办法；姿态，形式；正理，道理；假模样

续表

19 ཛ	
མཛད་པ།	做、作的敬语；行为，行状，事业
འཛིན།	持，执住，握住，抓住，逮住
རྫོགས་པ།	圆满，完备；完毕，结束
20 ཝ	
21 ཞ	
གཞི།	地点，处所，位置；根基，本体，自身；事，事物
གཞུང་།	典籍，书籍；正中，中央部分；性格，性情
གཞན་པ།	别的，其余的，另外的；他人，别人
གཞན་བསྒྲུབ།	他动、他做
གཞན་ཡང་།	另外，其余，别的；复次，尚，更
ཞུགས།	加入、参加
བཞི།	四
བཞིན།	正在；同，似，一样；脸部，颜面
ཞན་པ།	差，不好，下劣，弱
ཞེས།	称为，名为
ཞེས་བྱ་བ།	则为，称为
བྱ་བ།	称，呼；所作
22 ཟ	
བཟང་པོ།	善良；妙贤；善者
ཟེ།	体质，性情

续表

བློ་བཟང་།	脾气好，秉性善良，性情善良；身体好
23 འ	
འོ།	终结词
འོག་མ།	后面的，较晚的。下面的，下层的
འོས་པ།	合宜，适当，应该，值得
འི།	的
འང་།	也，又而且，虽然
འམ།	和，若，或；吗，呢，吧
24 ཡ	
ཡོན་ཏན།	功德（佛），学问，能力；道德；本领，本事
ཡོད་པ།	有，存在
ཡོད་མེད།	有没有
ཡོད་མི་འགྱུར།	不会有的
ཡི།	的
ཡི་གེ	字母，音素字
ཡིན།	是
ཡིས།	以，用以，以故
གཡེང་བ།	心散逸，精力分散，思想开小差；杂乱，混乱
ཡ་མཐའ།	上限
ཡང་།	虽然，而且，也是，即使；再，又
ཡན་ཆད།	以上，以前

续表

ཡན་ལག	肢体；部分，分支，从主体分出来的部分

25 ར

རེ་རེ།	个个，各别，每个，一一
རོ།	味，尸体；语终词
ར།	位格助词；山羊
རང་།	本人，自己，我
རང་ཉིད་།	我，自己，我本人
རང་རྒྱལ།	自胜，独觉，独觉佛
རན་པ།	适中，适当，合宜；到时间，到期
རབ།	最高，极善，精良，殊胜
བར་མ།	中等，居中者；中令声
བར་མཚམས།	中间，空隙，间隙，二者之间
རིག་བྱེད་།	知识；吠陀经（婆罗门教和现代印度教根本的经典）
རིམ་པ།	层次；次序等级
རུ།	翼，部，队；位格助词
རུང་།	虽然，然而
རུང་བ།	可以，合适，相宜

26 ལ

ལིङ्गा།	性别，性征；性别的标识
ལུང་།	环，柄，耳，把儿；经教，教言
ལུང་སྟོན་པ།	声明学；预言，预示

续表

ལུགས།	制度，规则；风尚，形式
ལོ།	年；年龄，年岁；语终词
ལ།	上坡路，上山路；表示关联和承接连引的虚词之一
ལ་དོན།	la 声，判位字
ལ་སྒྲ།	la 声
ལས།	业，业力，宿业，宿命，缘份；从，由；比较
ལས་བྱ།	业格，作业
ལམ།	道路，路途；方位，门径；吗，呢，吧
ལེ་ལོ།	懒惰，懈怠
ལེགས་པ།	美好，善良，品质优良

27 ཤ

ཤུགས།	力，劲，势；影射，暗指
ཤིན་ཏུ།	极，很，十分，甚
ཤིན་ཏུ་མོ།	极女性，极阴性
བཤད་པ།	注释，解说，论说
ཤེས་པ།	知道，理会，掌握
ཤེས་རབ།	智慧；梵音译作般若
ཤློ་ཀ	偈，颂

28 ས

སླར་བསྡུ།	语终词，句终词
སུ།	谁，何人，凡是，任何；位格助词

续表

སུམ།	三
སུམ་ཅུ་པ།	三十；《虚字论》，《三十颂》
སེམས་ཅན།	众生
གསུངས་པ།	讲述，宣说
གསུམ།	三
གསལ།	明显，清楚；出现，表露，明示
གསལ་བྱེད།	辅音，辅音字母；查明，弄清；指点明白
བསླབ་པ།	梵行，学习
བསམ་པ།	思想，思维，意愿
ས།	地；土壤，陆地
སངས་རྒྱས།	觉者，佛，佛陀
སར།	在地上
སམ།	和，若，或。助词：吗，呢，吧
སོ།	牙，齿；语终词
སོགས།	……
སློབ་དཔོན།	上师，老师，师长，师傅

29 ཧ

ལྷག	遗留，残余，剩下；胜过，超过
ལྷག་བཅས།	有余，剩余
ལྷག་མ།	剩余，多余
སྟྲཱི་ལིངྒ་།	女性，阴性

续表

30 ཨ།	
ཨཱ་ལི།	元音组，全体元音字母

参考文献

巴俄·祖拉陈瓦:《智者喜宴》,民族出版社 1986 年版。

察珠·昂旺洛桑:《藏文文法三十颂讲义》(藏文版),民族出版社 2001 年版。

噶玛司徒·曲吉迥乃:《司徒文法详解》,1774 年成书,青海人民出版社 1984 年版。

格桑居冕、格桑央京:《藏语方言概论》,民族出版社 2002 年版。

格桑居冕、格桑央京:《实用藏文文法教程》(修订本),四川民族出版社 2004 年版。

根敦群培:《白史》,中国藏学出版社 2012 年版。

胡书津:《简明藏文文法》,云南民族出版社 1995 年版。

华侃:《藏语安多方言词汇》,甘肃人民出版社 2002 年版。

瞿霭堂、劲松:《〈音势论〉和藏文创制的原理》,《民族语文》2011

年第5期。

瞿霭堂:《中国藏族语言文字研究五十年》,《中国藏学》2004年第1期。

色多五世罗桑崔臣嘉措(1845—1908)著,钟秀生整理,丹巴嘉措校订:《藏文文法根本颂色多氏大疏》,民族出版社1957年版。

王尧、陈践译注:《敦煌本吐蕃历史文书》,民族出版社1992年第二版。

温存智:《格西曲札藏文辞典》,民族出版社1957年版。

西北民族学院语文室藏语组:《藏语语法》,1958年油印本。

萧金松编著:《西藏文法典研究》,台湾大千出版社2013年版。

赞拉·阿旺措成:《古藏文辞典》,民族出版社1996年版。

扎得仁钦端智:《扎得文法》,成书年代不详,青海民族出版社1980年版。

张怡荪主编:《藏汉大辞典》,民族出版社1993年版。

周炜:《西藏古代的文法研究》,《西南民族学院学报》1999年第4期。

后　　记

我硕士就读于中国社会科学院研究生院民族学系，专业是民族语言学，研究方向是实验语音学。在读硕士期间我有两个导师，一个是北京大学中文系的林焘先生，是我语音学的导师，另一个是中国社会科学院民族研究所的瞿霭堂先生，是我民族语方面的导师。

瞿霭堂先生是我国著名的藏语研究方面的专家，他不仅能说流利的藏语安多话和拉萨话，而且具有深厚的语言学理论功底。瞿老师为人坦诚，性格豪爽，学术研究上对错分明，对学生倾囊相授。瞿老师对藏语复辅音声母的研究让我对汉藏语的基本理论框架有了最初的认识。他也是我们的老师辈中少有的用民族语的材料进行语言学理论研究的学者。瞿老师是我十分尊敬和敬佩的老师，在他的影响下，我也曾经想毕业后专门去做藏语的研究，梦想着能徒步行走于青藏高原，进行藏语和藏文化的田野调查，聆听远古藏语和藏传佛教诵经的回声。

为了让我能对藏语有进一步的了解和认识，瞿老师安排我去中央民族大学藏语系跟图旺教授学习藏语拉萨话口语。图旺教授是一位十分和蔼可亲的老师，说一口地道的拉萨话。他对学生认真负责，总是耐心讲解传授，在他的教导下，我的拉萨话有了初步的基础。很多年后，我拿到了一个藏语声学研究的项目，终于可以去拉萨了，就专门去看望了退休的图旺老师，那时他年事已高，但还在为藏语拉萨话的教学奔忙，十分令人敬佩。

后来瞿老师又安排我跟中央民族大学的格桑居冕教授学习了一个学期的藏文文法。格桑居冕老师是一位治学严谨、藏文文法功底深厚的学者。当时他的《实用藏文文法教程》刚出了油印本，很高兴能成为这本著名藏文文法专著的早期读者。藏文文法十分深奥，在历史上形成了一套自己的理论体系，与我们熟悉的西方语言学理论有很大差别，从语音分类和属性到语素音位和文法形态变化融成一体，环环相扣，如果不会藏语，很难理解这套体系。尽管如此，格桑居冕老师对我这个只学了一点拉萨口语的学生，还是认真讲解，用不同的藏语方言举例说明。格桑居冕老师的家乡是四川的巴塘县，后来有一次去巴塘调查藏语方言和录音，正好他在巴塘老家，我和学生们去他家拜访了他。当时他正在亲手制作藏戏的面具，并给我们讲了藏语方言在藏戏中的重要作用。让我们感慨和敬佩的是一个语言学家不仅仅是需要语言学理论的功底，还需要藏语言文化渊博的知识和深厚的积淀。

回顾自己的语言学研究，三位藏语老师知识的传授为我在藏语音位学、音位负担量计算、语音声学和声调感知的研究奠定了重要的基础，但在藏文文法上未敢涉猎，自觉愧对三位著名藏语语言学专家在藏文文法方面的知识传授和教诲，现仅以此小书表达对三位藏语老师的感谢。

《三十颂》和《字性组织法》是藏文文法的经典，确定了古藏文的音韵系统和语法理论体系，对于研究藏语的历史音变规律和语法的演化有重要的意义。《三十颂》和《字性组织法》语言精练，寓意深奥，限于自己的藏语水平，在翻译注释上难免会有一些不确切的地方，真诚希望读者能够给予批评和指正。

最后，真诚地感谢为本书提供帮助的专家和学者，尤其是西北民族大学的老师和同学在《三十颂》和《字性组织法》的建库、标注和校对方面提供了大量的帮助。

孔江平

2024 年 4 月 6 日于北京